決定」の科学

それを選ぶのか

川越敏司　著

ブルーバックス

装幀／芦澤泰偉・児崎雅淑

カバーイラストレーション・本文デザイン／浅妻健司

各章扉イラストレーション／バンチハル

はじめに

　わたしたちの人生は選択の連続です。進学先や就職先の選択、結婚相手の選択や保険の契約内容、最近では年金受給年齢をいつにするかなど、一生の間はもちろんのこと、一日の間だけを考えてみても、視聴するテレビ番組やお昼のお弁当はどれにしようかなど、数多くの選択に迫られます。

　こうした選択に直面したとき、多くの人は決まったルールや基準に従って判断をしているものと思います。好きな俳優が出演しているからこのドラマを観ようとか、保険は前回と同じ内容で契約しようとか、中にはその日の運勢で予定を決めることもあるかもしれません。

　実際、こうした選択場面においてすべてを慎重に考えていけばとても時間がかかります。昼食のメニューを選ぶのに、その都度、毎日の食事バランスを考えてカロリーを計算したりしていては疲れてしまうかもしれません。

　そこで、それほど重要ではない選択については、あまり深く考えず、あらかじめ用意された選択肢（デフォルトのオプション）から選ぶというのは、限られた時間内での選択という観点からすれば、一定の合理性があるといえます。例えば、迷ったら日替わり定食を選ぶというのは、ある意味で合理的なオプションだと思います。

　もちろん、昼食は毎日食べるものですから、多少好みと

違っても大きな問題はありませんが、人生の中には間違ってはいけない重要な選択もあります。進路の選択や結婚相手、新築する家の設計などは、頻繁に行うことはできませんし、いつでも、誰にでも可能な選択でもありません。さらに、選択を失敗したときの影響はとても大きなものです。

そこで、失敗しない選択をしたい、あるいは「正しい」選択をしなければならないとき、その手助けをしてくれるのが、本書で取り扱う意思決定理論です。これは近年ブームになっている行動経済学と呼ばれる分野とも関係するもので、たんに意思決定理論といってもそこにはかなり広範な分野が含まれます。

そこで、本書では、ジョン・フォン・ノイマン（1903-1957）とオスカー・モルゲンシュテルン（1902-1977）がその著書『ゲームの理論と経済行動』の中で定式化を行った「期待効用理論」を基に発展してきた理論を中心にしながら、行動経済学を含む最新の研究までを取り上げることにします。

本書で取り扱う意思決定理論の特徴は、「公理」と呼ばれる一連の望ましい選択のあり方（パターン）を規定するルールと、「効用関数」と呼ばれる、選択の結果の良し悪しを数値的に判断するための数学的な手法を用いていく点にあります。こうした公理や効用関数は選択肢に対する人の好みのあり方、つまり「選好」を表すものです。

意思決定理論の研究では、人の選好を公理という形で一連のルールとして規定し、この公理と整合的な選択をする人は、その公理に規定された選好を数値的に表現する効用

関数の値を最大にするような選択をすることになる（その逆も真である）、という理論を構築します。その代表的な理論が期待効用理論になります。

では、もし人がある公理に反する選択をした場合、言い換えると、ある効用関数の値を最大にしない選択をした場合、その人は「正しくない」選択をしたということになるでしょうか？　わたしたちは、数学的に計算して出た結果と違う選択をすると、「正しくない」と判断しがちです。

しかし、ここで覚えておいていただきたいのは、意思決定理論においてある選択が「正しい」か「正しくない」かは、その前提となる公理を認めているか否かに依存するということです。言い換えれば、違う公理を前提とすれば、それに対応する効用関数も違うものになり、その値を最大にする選択も異なるものになります。ですから、ある公理を「正しい」と信じている人から見て「正しくない」と見える選択をしている人は、違う公理を前提とした効用関数を最大化しているのかもしれないのです。つまり、公理の数だけ「正しい」選択があるということになるのです！

もちろん、わたしたちは普段、どういう公理に基づいて選択しているかとか、どのような効用関数を最大にしようとしているかを意識しながら選択することはありません。

そこで本書では、最初に読者の皆さんがどのような公理ないし効用関数を前提とした人なのか、つまり、皆さんの選好を測定する実験を行い、皆さんがどのようなタイプなのかを確認したうえで、その実験にまつわる意思決定理論の内容を紹介していこうと思います。

それぞれの実験では、冒頭に何らかの意思決定の状況が

提示され、皆さんに回答を求めます。次に、その回答から導かれるのは具体的にはどのようなタイプの選好や効用関数なのかを判定していきます。そして、それぞれのタイプの人がどのような特徴のある選択のパターンを示すのかを解説していきます。

なお、本書に紹介する実験はすべて紙と鉛筆だけで行うことができますが、より簡単に楽しく実験を行うためにScratchというプログラミング言語でほぼ同じ内容の実験プログラムを作成しました。このプログラムを使用することで、意思決定理論の実験現場にいるような雰囲気を感じてもらえると思います。また、さらに進んだ数値計算を行う場合にはフリーの統計ソフトRを利用しました。Rのプログラム・コードも解説付きで紹介しています。これらのプログラムは、講談社の本書特設サイト
https://bluebacks.kodansha.co.jp/books/9784065209585/appendix/
からアクセス・ダウンロードできますので、そちらを参照してください。

すでに述べたように、意思決定理論では唯一の正解というものはありません。これまでに出版されてきた意思決定理論に関連する本（最近では行動経済学に関する本）では、ある種の選択を「間違った」「愚かな」選択であるかのように説明するものがありますが、本書のスタンスはこれらとは全く異なります。本書が目指すのは、読者の皆さんが、自分はいったいどのようなタイプの意思決定者なのかを自分で確かめながら、意思決定理論の最新研究までを学ぶ機会を提供することです。自分のタイプを知れば、今までよりも自分自身の選択に自信をもつことができるでし

ょうし、場合によっては他のタイプに自分を変えるきっか
けになるかもしれません。また、自分以外の人を実験の被
験者とすることで、その人の選択における特徴を知ること
もできます。

　さて、本書の構成ですが、第1章では現代的な意思決定
理論の基礎である期待効用理論の理解を目指して、リスク
に関する選好の測定にかかわる実験を行います。ここで重
要な概念はリスクに対する態度やリスク回避度というもの
ですが、これらの理論的背景についても第1章で解説して
いきます。

　第2章では行動経済学で中心的となる理論の1つである
「プロスペクト理論」に関する実験を行います。プロスペ
クト理論は第1章で紹介する期待効用理論を修正する理論
で、ここでもやはりリスクのある状況での意思決定を中心
にして、確率重み付け関数や損失回避性という概念につい
て学び、期待効用理論の公理と矛盾する選択がプロスペク
ト理論によってどのように説明可能になるかを示していき
ます。

　第3章では、時間選好や社会的選好といったリスク以外
の選好の測定を行います。時間選好というのは、例えば年
金を何歳から受給するかといった、利益や損失を受け取る
タイミングに関する選好のことで、社会的選好というの
は、自分と他者とで利益や損失を分かち合う際にどのよう
な配分を望むのかに関する選好のことです。また、近年注
目を集めている認知能力に関する測定も行います。ここで
は、あなたが何事にも熟慮するタイプなのか、直観的に判
断するタイプなのかを判定します。最後に、リスク選好、

時間選好、社会的選好、そして認知能力に関する実験結果を総合した統一理論を提示して本書を閉じたいと思います。

　また、各実験で取り上げたテーマについて、数学的な背景を詳しく知りたいという人のために、実験の最後に数理的な解説を付記しました。ざっと全体を見渡したいという方は、初読の際にはこれを読み飛ばしてもかまいません。さらに、本文には取り入れられなかった進んだ内容については、「補論」として特設サイトからダウンロードできるようにしました。

　本書の特色は、意思決定理論で研究される様々な選好に対してそれを測定する実験を紹介している所にあります。もちろん、これまでもリスク選好や時間選好の測定方法について触れた本はありました。しかし、それらは特定の関数形を仮定した（パラメトリックといいます）測定法であって、皆さんの選好がそうした仮定を満たしていない場合を想定していませんでした。本書では特定の関数形を仮定しない（ノンパラメトリックといいます）測定法を紹介しています。もちろん、本書では従来型の測定法にも触れていますので、安心してください。

　前置きが長くなりました。さあ、ご一緒に意思決定理論の研究を始めましょう。そうして、本書を通じて意思決定理論を知ることが、皆さんの人生における様々な選択の場面において、最善の選択を行う手助けとなることを願っています。

　　　　　　　　　　　　　　　　　　　　　　　　著者

目次

第**3**章

時間選好・社会的選好・
認知能力
様々な状況下での選択を考える 153

各章の実験について

■Scratchを使った実験を行うには

　本書の各章には皆さんの選好を測定するための複数の実験課題があります。本文にある実験説明を読み、回答をメモに残していく形でもよいですが、本書のためにScratch（スクラッチ）というプログラミング言語で作成された実験用のプログラムを使用した方が便利な場合があります。

https://scratch.mit.edu/users/DecisionTheorist/

　Scratchはマサチューセッツ工科大学メディアラボで開発された無料の教育プログラミング言語です。わが国でも小学生向けのプログラミング教育で使用されています。Scratchの特徴はいくつかありますが、プログラムをダウンロードする必要はなく、ウェブブラウザ上でプログラムの作成および実行ができるところが便利です。Scratchのプログラムへのアクセス・使用法に関しては特設サイト（下記URL）をご覧ください。

■補論について

　本書では、数学的な解説や統計ソフトRでのプログラミングについて、もっと詳しく知りたいという方のために、特設サイト（下記URL）に、各章ごとにまとめた「補論」を掲載しています。本文中の関連する部分には、「補論を参照」と記述していますので、興味のある方はそちらもお読みください。

https://bluebacks.kodansha.co.jp/books/9784065209585/appendix/

期待効用理論
意思決定理論の基礎

現代的な意思決定理論の基礎は、「はじめに」で紹介したジョン・フォン・ノイマンとオスカー・モルゲンシュテルンの『ゲームの理論と経済行動』によって築かれました。そこでは、リスクのある状況での意思決定のモデルとして、**期待効用理論**というものが定式化されています。リスクというのは、可能な事象のうちのどれが実際に生じるのかは事前にはわかりませんが、それぞれの事象の発生確率はあらかじめわかっている状況のことです。

　例えば、六面体サイコロを1つ投げたとき、どの目が出るかは事前にはわかりませんが、サイコロがきちんと作られていれば、1から6までのそれぞれの目が発生する確率はそれぞれ1/6であるということはわかっていますから、これはリスクのある状況になります。

　さて、期待効用理論では、意思決定の対象を、ある確率で利益または損失をもたらす「くじ」として表現します。六面体サイコロを1つ投げたとき、1の目が出れば1000円の利益が発生しますが、他の目が出れば-200円の損失が発生するという状況があったとします。これは、

$$確率\frac{1}{6}で1000円が得られて、確率\frac{5}{6}で200円を失う$$

という「くじ」として表現可能です。このように、利益または損失の額とそれが発生する確率を組にして表現したものが「くじ」ということになります。

　意思決定理論では、リスクのある状況における選択肢とそれがもたらす帰結とをこうしたくじとして表現し、くじ同士を比較・評価して、どの選択肢を選ぶべきかを決定します。くじを評価する際に皆さんが最初に考える基準は、

おそらく確率の授業などで習ったことのある**期待値**ではないでしょうか。

　期待値というのは、あるくじにおいて発生しうるそれぞれの利益または損失が発生する確率とその値とを掛け算して、全ての場合において足し合わせた値のことです。先ほどの六面体サイコロを使ったくじを例にとると、

$$期待値＝\frac{1}{6}×1000円＋\frac{5}{6}×（-200円）＝0円$$

となり、このくじの期待値は0円だとわかります。このように期待値を調べていきながら、選択可能な複数のくじのうち最も期待値が高い選択をすればよい、というのが誰もが最初に思い付く「理論」だといえるでしょう。

　この期待値が最大になる選択肢を選べばよいという考え方を最初に明確にしたのは、**ブレーズ・パスカル**（1623-1662）です。幼い頃から数学や科学の分野で天才的な才能を発揮していたパスカルのことは、皆さんも学校の教科書などで見聞きしたことがあるでしょう。また、彼が数学者のピエール・ド・フェルマー（1607-1665）との往復書簡の中で確率論の端緒を開いたことも有名です。そのパスカルは晩年、キリスト教の信仰に目覚め、その信仰と思索の断片を書き残しました。それが、現在『パンセ』と呼ばれる書物ですが、その中に「**パスカルの賭け**」と呼ばれている一節があります。

ブレーズ・パスカル

この中でパスカルは、神が存在するか、それとも存在しないのか、そのどちらに賭けるかと読者に問いかけます。その上で、神を信じれば、たとえその確率が1%だとしても、神が存在すれば永遠の命という無限の価値がある報酬が得られる（神が存在しなければ、その信仰は徒労に終わり、有限の損失$-U$）。したがって、その期待値は無限大です。一方、神を信じない場合、神の存在しないこの世の喜びの大きさなど高々有限の値（V）である（神が存在すれば、信じなかった罰として有限の損失$-W$を被る）。したがって、この場合の報酬の期待値は高々有限であると考えられます。

　実際、神が存在する方に賭ける選択を「くじA」、神が存在しない方に賭ける選択を「くじB」としますと、それぞれのくじの期待値は次のようになるでしょう。

くじAの期待値＝0.01×無限大＋0.99×（$-U$）＝無限大

くじBの期待値＝0.99×V＋0.01×（$-W$）＝有限の値

　したがって、最も期待値が高い選択をすればよいとすれば、期待値が高いくじAを選ぶべきなのだと、パスカルは述べています。これが歴史上最初の意思決定理論による分析事例だと考えられています。その意味では、パスカルこそが意思決定理論の元祖であると言ってもよいでしょう。

　それでは、この期待値という考え方をもとにして、次の実験1に取り組んでみてください。なお、実験は以下の説明文を読んで回答を紙にメモしてもよいですし、Scratch（スクラッチ）のプログラムを使ってもかまいません。

1　期待効用とはなにか

　パスカルはくじの期待値を求め、それを比較することによって選択を決定することを提案しました。確率論でも初期の段階で期待値の計算を習いますが、期待値の計算にはパラドックスが存在することが発見されています。

　実験1では、この期待値に関するパラドックスを例にしながら、意思決定理論が発展する端緒となった「効用」という考え方について見ていきます。

実験1：サンクトペテルブルクのパラドックス（その1）

　偏りのない公平なコインを1つ、表が出るまで投げ続けるというゲームを考えます。このとき、k回目に初めて表が出たら2^k（単位は百円）の賞金がもらえるものとします。

　2^kとは2をk回掛け合わせた値のことです。例えば、$2^1=2$、$2^2=2×2=4$、$2^3=2×2×2=8$などとなります。

　ここで、あなたはこのゲームに1回だけ参加する権利を無償で手に入れましたが、これを他の人に売ることにしました。さて、あなたなら、最低いくらでこのゲームの参加権を販売しますか？　0以上の整数で答えてください。

解説

■賞金の期待値の計算

このゲームの参加権を最低いくらで売ればいいのかを考えるためには、まずこのゲームを実際にプレーした場合の利益の期待値を知る必要があります。そこで、まず賞金の期待値を求めてみましょう。

このゲームに参加して、いきなり1回目で表が出れば、そこでゲーム終了で、手に入れられる賞金額は$2^1=2$（百円）です。また、1回目で表が出る確率は1/2です。つまり、1/2の確率で2（百円）が得られます。

次に、2回目に初めて表が出る場合はどうでしょうか？まず、もらえる賞金額は$2^2=4$（百円）です。また、2回目に初めて表が出る確率は、1回目が裏で2回目が表という事象の生じる確率です。1回ごとのコイン投げは独立なので（1回目に出た結果が、2回目に出る結果に影響しない）、1回目に裏が出る確率1/2と2回目に表が出る確率1/2を掛けた1/4が、その確率になります。つまり、1/4の確率で4（百円）が得られます。

以下同様にして、3回目に初めて表が出た場合、4回目に初めて表が出た場合、……と計算していくと、次の表1-1のようになります。

この表のD列を見るとわかるように、何回目で初めて表が出ようとも、その事象が生じる確率と賞金額を掛け合わせた値は常に1（百円）であることがわかります。

このゲームに参加する人は、何回目に初めて表が出るのかをあらかじめ知りようがありません。100回目で初めて

表1-1. 期待値の計算

A：事象	B：確率	C：賞金額 （百円）	D：確率× 賞金額（百円）
1回目に初めて 表が出る	$\frac{1}{2}$	$2^1 = 2$	$\frac{1}{2} \times 2 = 1$
2回目に初めて 表が出る	$\frac{1}{2} \times \frac{1}{2} = \frac{1}{4}$	$2^2 = 4$	$\frac{1}{4} \times 4 = 1$
3回目に初めて 表が出る	$\frac{1}{2} \times \frac{1}{2} \times \frac{1}{2} = \frac{1}{8}$	$2^3 = 8$	$\frac{1}{8} \times 8 = 1$
4回目に初めて 表が出る	$\frac{1}{2} \times \frac{1}{2} \times \frac{1}{2} \times \frac{1}{2} = \frac{1}{16}$	$2^4 = 16$	$\frac{1}{16} \times 16 = 1$
…	…	…	…

表が出るかもしれませんし、1000回目、1万回目、あるいは1億回目になるかもしれません。初めて表が出るまでコインを投げ続けるというのがこのゲームのルールですから、延々と裏が出続けるということも可能性としてはゼロではありません。

　このゲームにおける賞金の期待値は、各事象の生じる確率と賞金額を掛け合わせた値を、発生する可能性のある事象全体にわたって合計した値となりますから、表1-1のD列を縦に合計していった値がこのゲームの賞金の期待値になります。しかし、初めて表が出る回はずっと先のことかもしれないので、この表は下にいくらでも伸ばしていくことができます。このことから、

$$賞金の期待値 = \frac{1}{2} \times 2 + \frac{1}{4} \times 4 + \frac{1}{8} \times 8 + \frac{1}{16} \times 16 + \cdots$$

$$= 1 + 1 + 1 + 1 + \cdots \rightarrow \infty$$

　つまり、このゲームから得られる賞金の期待値は無限大になるということがわかります。

さて、このように今あなたが手にしているゲームの参加権（「くじ」）の「価値」をこのゲームにおける賞金の期待値だと考えれば、その値は無限大なのですから、この参加権を購入者がいくらで買ったとしても十分に元を取り返せると考えられるはずです。

　ところが、先ほどの実験で読者の皆さんが答えた販売額はいくらだったでしょうか？　おそらく、多くても数百円だったのではないでしょうか？　これは言い換えれば、皆さんがこのゲームに参加したとしても得られる賞金の期待値は高々数百円だと考えていたということです。

　このように、実験1は、数学的に得られる賞金の期待値と、わたしたちの直観が告げるこのゲームの価値には大きな乖離（かいり）があることを示しています。それでは、先ほどの計算のどこかに間違いがあったのでしょうか？

　これは「**サンクトペテルブルクのパラドックス**」として知られる意思決定理論における問題の1つです。数学者の**ダニエル・ベルヌーイ**（1700-1782）がサンクトペテルブルク科学アカデミーに滞在しているときにこの研究についての論文を発表したため、そう呼ばれるようになりました（しかし、ベルヌーイが最初の発見者ではないようです）。

　それでは、このパラドックスについてベルヌーイの論文発表後に現れた、パラドックス解消に向けての考え方をいくつか紹介しましょう。

　このゲームでは、数学的な期待値とわたしたちの直観が告げる「賞金の見込み額」の間には乖離が存在します。それは、このゲームのルール「表が出るまで無限にコインを投げ続ける」という設定がそもそも非現実的だから、と考

えることができます。たしかに、表が出るまで無限回コインを投げ続けるというのは物理的に不可能です。そもそもこのギャンブルに参加する人は、裏が出続けて無限にコインを投げることなど想定していないでしょう。

　また、十分に長い回数コインを投げた後で初めて表が出た場合には、このゲームの胴元は莫大な賞金を支払わなければなりません。しかし、胴元がそれだけの資金を持っていないことも考えられます。

　こうした現実的な状況を暗黙の裡（うち）に考慮に入れていた人は、賞金の期待値を比較的低く見積もったのではないかと思います。

　つまり、理論上は無限に裏が出続けることがありうるとしても、当然、現実的にはある一定の回数コインを投げ続ければいつかは表が出てゲーム終了になることが十分に想定されます。その場合には賞金の期待値が無限大になることはありません。そのように有限回でゲームが終了するはずだと考えている人にとっては、数学的な期待値と直観的な賞金の見込み額の間に生じる乖離は少なくなると考えられます。

　例えば、このゲームで4回目に初めて表が出ると想定した人がいたとします。これくらいの額ならば胴元も支払い可能でしょう。この場合の賞金の期待値は次のようになります。

$$賞金の期待値 = \frac{1}{2} \times 2 + \frac{1}{4} \times 4 + \frac{1}{8} \times 8 + \frac{1}{16} \times 16 = 4$$

　この4（百円）という金額は、皆さんが選んだ金額に近いものになっているかもしれません。しかし、実際にこの

ゲームを何度かやってみると、4回目以降に初めて表が出ることも決して珍しくないとわかります。そのためこうした考え方では、パラドックスを解決したとはいえそうもありません。

■限界効用逓減と期待効用

このサンクトペテルブルクのパラドックスの解消法について、ダニエル・ベルヌーイは上記とは別の考え方を提示しました。その解決のためにキーワードとなるのが「効用」という考え方です。

効用とは、受け取った利益（損失）に対するゲーム参加者の主観的な満足（不満足）の程度のことです。同じ金額の利益（損失）に対しても満足（不満足）の程度は人によって異なると考えるのが自然です。

例えば、効用は、その人がすでにどれくらいの所得を持っているかに依存すると考えられます。同じ賞金額1000円を受け取った場合に、普段、お財布に1000円しか入っていない人と、いつも10万円を持ち歩いている人とでは、感じる効用は違うものだと考えられるでしょう。

一般に、多くの所持金を持っていればいるほど、同じ賞金額を得ることに対して感じる効用の増加分は少なくなると考えられます。この背景には「**限界効用逓減**」という心理的な法則性があるためだと考えられています。

ここで「限界効用」とは、元々の所持金に利益が1単位追加された際に得られる効用の増加分のことです。「逓減」とはだんだん減っていくという意味です。つまり、元々の所得に1単位ずつ利益が追加されていく状況を考え

ると、追加するたびに、追加される1単位当たりの利益に対して感じられる効用の増加分はだんだん減っていく、というのが限界効用逓減の法則になります。

　よく例に出されるのは、ビアガーデンでビールを飲むという状況です。夏の暑い日、仕事帰りにビアガーデンで飲むビールの味は格別です。渇いた喉を潤してくれる1杯目は至福の味です。さらにもう1杯飲んでも、まだまだいけます。しかし、3杯目ともなると、もうビールはいいかな？　と思い始めることでしょう。このようにビールに関する限界効用は逓減していきます。

　さて、ベルヌーイは、実験1に参加している人は、このゲームで得られる賞金額に対して、限界効用逓減の法則に従った効用で評価をしていると考えました。

　限界効用逓減の法則に従った効用の例として、所持金x円に対して得られる効用をuとすると、uがxの平方根、つまり、$u=\sqrt{x}$という関数として表される場合を考えてみましょう。このように、xに対してその効用uの値を対応させるこうした関数を**効用関数**と呼びます。効用をuで表すのは、効用を英語でutilityということからその頭文字を取ったためです。

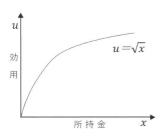

図1-1. 効用関数の例①

　横軸を所持金x、縦軸をuにしてこの効用関数のグラフを描くと、左の図1-1のようになります。グラフは、横軸に対して上側に膨らんだ形状（これを上に凸といいます）になっていることに注意

してください。

　それでは、この効用関数を使って効用の数値を求めてみましょう。いま、AさんとBさんの2人がいるとします。Aさんの所持金は5（百円）、Bさんの所持金は15（百円）だとします。ここで、2人の所持金がともに1単位（百円）分増加したとします。すると、Aさんの所持金は6（百円）、Bさんの所持金は16（百円）となります。このときのそれぞれの限界効用を計算した結果を、小数点第3位を四捨五入してまとめたものが表1-2です（具体的な数値は、表計算ソフトウェアExcelで計算しました）。

表1-2. 限界効用の計算

所持金 x （百円）	5	6	15	16
効用 $u=\sqrt{x}$	2.24	2.45	3.87	4.00
限界効用		0.21		0.13

　ここで所持金が1単位増加したことに対する限界効用は、増加後の所持金に対する効用の値から元々の所持金に対する効用の値を差し引いた値として求められます。例えば、Aさんの場合、所持金が5（百円）から6（百円）に増えたわけですから、その限界効用は、

$$\sqrt{6}-\sqrt{5} \fallingdotseq 2.45-2.24=0.21$$

となります。

　Bさんの場合、所持金が15（百円）から16（百円）に増えたので、この1単位の所持金増加に対する限界効用は、

$$\sqrt{16} - \sqrt{15} \fallingdotseq 0.13$$

となります。

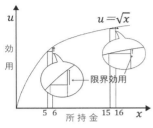

図1-2. 効用関数の例②

この結果からわかるように、所持金が同じ1単位増加したとしても、そこから得られる限界効用は、元々の所持金が5（百円）だったAさんよりも、15（百円）だったBさんの方が半分近くになることがわかります（図1-2）。このように平方根という関数は、たしかに限界効用逓減という法則性を表現しています。

■パラドックスの解決

さて、効用関数や限界効用逓減についてわかったところで、いよいよサンクトペテルブルクのパラドックスの解決に向かいましょう。

もう一度このパラドックスについて述べると、実験1に記されているゲームでの賞金の期待値を計算すると無限大になるのに対して、このゲームへの参加権を売りに出す人にとっての主観的な価値はそれよりずっと低い値になってしまう、ということでした。

ここでベルヌーイは、サンクトペテルブルクのパラドックスに直面している人は、賞金額の期待値ではなく、賞金額に対する「**効用の期待値**」によって考えているのだと想定すれば、パラドックスは解消することを示しました。こ

の効用の期待値のことを**期待効用**といいます。

　では、ベルヌーイの解決法を実際に確かめてみましょう。

　まず、実験1のゲームにおける「期待効用」は次のように計算されます。

賞金の期待効用
　＝（1回目に表が出る確率×そのときの賞金額に対する効用）
　＋（2回目に初めて表が出る確率×そのときの賞金額に対する効用）
　＋（3回目に初めて表が出る確率×そのときの賞金額に対する効用）
　＋…

　ここで先ほどの効用関数 $u=\sqrt{x}$ を使うと、この賞金の期待効用は、

$$=\frac{1}{2}\times\sqrt{2}+\frac{1}{4}\times\sqrt{2^2}+\frac{1}{8}\times\sqrt{2^3}+\cdots$$
$$=2.414$$

となります。単位は百円ですから、約241円がこのゲームでの賞金の期待効用になることがわかります。これは実験1での読者の皆さんの答えとあまり変わらないのではないでしょうか？

　このように、ベルヌーイは限界効用逓減の法則を満たすような効用関数を導入し、人々が期待値ではなく期待効用に従って賞金額を評価していると想定すればパラドックスが解消されることを示しました。

　それ以来、リスクのある状況での意思決定では、この期待効用を用いるという考え方が、フォン・ノイマンとモル

ゲンシュテルンによる期待効用理論の定式化を経て、意思
決定理論に取り入れられました。

　この後の実験では、いよいよさまざまな状況下での皆さ
んの効用関数を測定していきます。それと同時に、効用関
数や期待効用理論のもつ性質などについても詳しく見てい
きます。

2　効用関数とリスク回避性

　先ほどの実験1では、賞金の期待値が直観的に感じる価値と著しくかけ離れてしまうサンクトペテルブルクのパラドックスを紹介しました。ここから、賞金を受け取ったときに感じる主観的満足度、つまり効用の期待値である「期待効用」を考えれば、直観と一致した答えが得られるということを知りました。

　次の実験2では、この期待効用理論という考え方において重要な概念である**リスク回避性**について考えていきます。それでは、次の実験2に取り組んでみてください。

実験2：リスク回避性の測定

> 　あなたは株式投資を行う投資家だとします。あなたの手元には、100万円の資金があり、この一部または全部を使って投資をします。もちろん投資を行わずに全額を手元に残しておくこともできます。
>
> 　投資に使用した金額は、1/2の確率で2.5倍に増えますが、1/2の確率で0円になるものとします。
>
> 　では、あなたなら投資金額をいくらにしますか？
>
> 　金額は0から100までの整数の中から選択してください。

解説

　この実験2は、株式投資をしたことがない人にとっては、なかなか想像のできない状況かもしれません。しかし、ここでの投資を「くじ」として考えれば、それほど違和感はないのではないでしょうか？

　実験1の解説の中でも述べましたが、意思決定理論ではリスクのある状況における選択を「くじ」として表現します。皆さんの中には宝くじを買ったことがある人もいると思いますが、ここでの投資は、それとほとんど同じものなのです。宝くじの場合、一定の料金を支払ってくじを買い、ある決まった確率で賞金が当たったり、当たらなかったりします。もしあなたが買ったくじが当選していれば、支払った料金以上の利益を手に入れることになり、外れていれば何も得られず支払った料金だけ損失が発生します。

　この実験2での投資もこれとほぼ同じです。違うのは投資する金額、宝くじでいえば、くじの料金があらかじめ決まった値ではなく、自分で決めることができるところと、利益が投資額によって変わるところです。

　では、この投資金額をいくらにすればよいのでしょうか？　それを考えていくために、まずこの投資によって獲得できる金額の期待値を求めてみましょう。

　いま、あなたが投資金額をz万円に決めたとすると、この金額は1/2の確率で2.5倍の2.5z万円になりますが、1/2の確率で0円になってしまいます。実験1の解説で見たように、期待値は、

事象の発生確率×その事象の下で得られる利益

という値を、起こりうるすべての事象について足し合わせたものでした。したがって、z万円を投資した場合に得られる金額の期待値は、

$$\frac{1}{2}\times2.5z+\frac{1}{2}\times0=1.25z$$

ということになります。つまりz万円を投資すれば期待値としてその1.25倍の金額を得られるというわけです。例えば100万円全額を投資すれば期待値として125万円の金額を得られます。つまり、期待値として25万円の利益が発生します。

　では、いったいいくらの金額を投資することが望ましいのでしょうか？

　それを考えるうえで、もう一つ忘れてはいけないことがあります。z万円を投資したとき、あなたの手元には投資しなかった残金100-z万円があるということです。そのため、投資した金額から期待値として得られる1.25z万円に、手元に残した金額100-z万円を足した額、

$$100-z+1.25z=100+0.25z$$

が、z万円を投資した場合に最終的にあなたが手にする金額の期待値となります。

　このことから、z万円を投資したとき期待値として100+0.25z万円が手元に残るということは、最初の投資資金100万円に加えて投資した金額の0.25倍の額が利益として増えるわけですから、金額がいくらであれ投資をした方

が得だということになります。そして、この$0.25z$という値は、投資額z万円が大きいほど大きな値になります。ということは、投資額z万円を最大限の100万円にすることが、利益の期待値を最大にする選択だということになります。

　では、皆さんは実験2で投資金額を100万円にすると答えたでしょうか？

　やはり投資にはリスクが付き物です。この実験2においても、投資した金額は1/2の確率で0円になってしまいます。そのリスクを考えたら、期待値では投資した金額が1.25倍になると言われても、100万円全額を投資することをためらう人は少なくなかったのではないでしょうか？

　つまり期待値を最大にするような投資額を選ぶべきだという考え方は、実験1と同様に、多くの人が直観的に妥当だと思う選択とは食い違ってしまいます。

　このように実験2において100万円全額を投資することをためらった人は、**リスク回避性**（risk averse）の傾向があると、期待効用理論では考えます。

　実験2では、A＝投資金額が2.5倍になる、B＝投資金額が0円になる、という2つの事象がありますが、このどちらが生じるかは事前にはわかりません。しかし、AもBも確率1/2で発生するということはわかっているので、これはリスクのある状況ということになります。

　さて、実験2のようにリスクのある状況では、リスクに対する個人の考え方や嗜好（これを**選好**といいます）によって選択が異なります。リスクを避けたいのか、あるいはあえてリスクを冒したがるのか、このような傾向を意思決

定理論では**リスクに対する態度**と呼びます。リスク回避性は、リスクに対する態度の1つです。

　通常、意思決定理論では、リスクに対する態度を、**リスク中立性・リスク回避性・リスク愛好性**の3つに分類します。それぞれは直観的には以下のように定義されます。

　　リスク中立性＝リスクによらず期待値が高い選択をする
　　リスク回避性＝リスクを避けようとする
　　リスク愛好性＝リスクをとろうとする

　これらリスクに対する態度の分類を見てもらいますと、先ほど説明してきた投資金額を100万円にして投資によって得られる利益の**期待値を最大にする**という考え方は、**リスク中立性**に従う人の考え方だということがわかります。言い換えれば、実験2で投資金額を100万円にした人はリスク中立的な人だということになります。

　これとは反対に、まったく投資をしない人は明らかにリスク回避的な人になります。それでは、この2つの中間、つまり、1万円から99万円を選んだ人はどうなるでしょうか？　こういう選択をした人たちも、程度の差はあれ、リスク回避的な人だと考えられます。

　具体的なことは次の実験3で説明しますが、リスク回避的な人は、実験1で見たような限界効用逓減の効用関数の下で**期待効用を最大にする**人になります。例えば、実験1の解説でも取り上げたように、ここでも金額xに対する効用関数を$u=\sqrt{x}$（平方根）だと考えてみましょう。

　いま、z万円を投資したとき、1/2の確率で投資した金額は2.5倍になり所持金が$100-z+2.5z$万円になるか、1/2

の確率で投資した金額は0円になって所持金が100-z万円になるかのどちらかです。それぞれの場合が発生する確率に、そのとき、最終的に手元に残る金額から得られる効用を掛けて、それぞれの場合について足し合わせたものが期待効用になります。金額x万円から得られる効用は、ここではその平方根$\sqrt{x}$となるので、この投資の期待効用は、

$$\frac{1}{2} \times \sqrt{100+1.5z} + \frac{1}{2} \times \sqrt{100-z}$$

となります。

　ここで、横軸に投資金額z万円、縦軸にこの期待効用を取ってグラフ化したのが下の図1-3です。少しわかりにくいかもしれませんが、このグラフは投資金額z=33万円のところで期待効用の値が最大になっています。

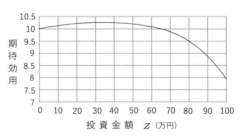

図1-3.　投資の期待効用

　つまり、平方根の効用関数で表現されるようなリスク回避的な選好をもっている人にとっては、実験2において投資額を33万円にすることが期待効用を最大にする意思決定であるということになります。

　もちろん、リスク回避性を表すような、すなわち、上に

凸の効用関数は平方根以外にもたくさんあります。したがって、人の選好がどのような効用関数として表現されるかに従って、期待効用を最大にする意思決定は異なるものになります。

　つまり、実験2において100より小さい投資額を選んだ人はみんなリスク回避的であるということです。そして、投資額が0に近いほどリスク回避性の程度は強く、100に近いほどリスク回避性の程度は弱い（つまり、リスク中立性に近づく）ということになります。

　このように、実験2は皆さんのリスク回避性の程度を測定する実験だったわけです。

　期待効用理論におけるリスクに対する態度については、現実的にはリスク中立的な人とリスク回避的な人が大半を占めるので、この実験2だけでその人のリスクに対する態度を測定するのに十分なのですが、リスク愛好的な人が存在するのも事実です。

　実験2において、リスク愛好的な人の場合は、リスク中立的な人と同じ選択、つまり、100万円を投資することを選ぶことになりますので、実験2は、リスク回避的な人とそうでない人を識別する実験だということができます。

　しかし、リスク愛好的な人であるかどうかまで識別したいという場合には、実験2では不十分です。そこで、次の実験3では、3種類のリスクに対する態度を識別できる実験を紹介します。

3 リスクに対する態度

実験2では、リスクのある状況での投資の問題を通じて皆さんの**リスクに対する態度**を測定しました。ただ、実験2では、皆さんのリスクに対する態度がリスク回避的であるか、そうではないかのどちらかしか知ることができませんでした。そこで、実験3では、皆さんのリスクに対する態度が、リスク中立的なのかリスク回避的なのか、はたまたリスク愛好的なのか、より細かく判定します。

また、この実験の解説では、**確実性等価やリスク・プレミアム**といった期待効用理論における新しい概念についても紹介します。

それでは、実験3を行ってみましょう。

実験3：リスクに対する態度の測定

あなたは確率40%で1000円、確率60%で100円の賞金が当たるくじをもっています。

いま、あなたは当選発表の前にこのくじを誰かに販売しようとしています。その場合、このくじをいくらで販売するべきか、その販売価格Pを考えてください。

ただし、このくじが売れるかどうかは、次のルールによって決まるものとします。

まず、購入者が自分の好きなように購入価格Qを決めます。ただし、購入価格Qは0円から1000円までの金額で、それぞれの額が均等な確率で選ばれる可能性があり、

その金額を先に知ることはできません。つまり、Qが0円である確率も、200円である確率も、670円である確率も978円である確率も、すべて同じということです。

　次に、あなたが決めたくじの販売価格P円が、購入価格Qと同じか、それよりも低い場合には（$P \leqq Q$）、購入者はQ円でくじを買ってくれるので、あなたの利益はQ円になります。

　逆に、販売価格Pが購入価格Qよりも高い場合（$P>Q$）は、くじを買ってもらえません。この場合、あなたはこのくじを手元にとっておくことになり、くじの当選発表の結果得た金額（1000円か100円）を受け取ります。

　それでは、以上のルールの下でこのくじを販売するとしたら、あなたはくじの販売価格Pをいくらにしますか？0から1000の整数で答えてください（単位は円）。

解説

　この実験3も、リスクのある状況における取引という形式になっています。この場合、一定の確率で高い利益と低い利益が発生する可能性のある「くじ」を販売する際の価格を決めるという設定になっています。

　現実の状況に置き換えれば、例えば、きれいな陶器を知人からタダでもらったとしましょう。自分はその陶器にあまり興味がないので、それを「ヤフオク！」や「メルカリ」などのネットオークションやフリマサイトで販売する

ことにしました。タダでもらった陶器が売れれば、その販売価格があなたの利益になりますし、売れなくてもその陶器はあなたの物です。陶器に興味はなかったとしても、それがきれいな物であれば、眺めて楽しんだり、花を生けたりと楽しみもあるでしょう。

　この陶器の価値が、確率的にその大小が決まる「くじ」に変わったものが、この実験3の状況だと考えられます。

　ちなみに、この実験3はリスクに対する態度を測定するための手法で、意思決定理論では**BDM法**と呼ばれています。BDMとは、この手法の考案者である3人の学者の苗字、ベッカー（Becker）、デハルート（DeGroot）、マーシャック（Marschak）の頭文字を取ったものです。

　それでは、これまでの実験の場合と同様に、この実験3において期待効用を最大にする意思決定を、期待効用理論を使って考えてみましょう。

　まず手始めに、実験3で販売するくじ（くじLと呼ぶことにします）の賞金の**期待値**を計算します。賞金の期待値は、くじLのそれぞれの賞金額とそれが当たる確率を掛けて、すべての場合について足し合わせたものですから、

$$0.4×1000円+0.6×100円=460円$$

となります。

　しかし、これまでの実験でも繰り返し説明してきましたが、こうしたリスクのある状況では、期待値で考えると不都合な事態が発生する場合がありました。そこで、賞金額に対する主観的な満足度を表す効用というものを考え、この効用の期待値、すなわち**期待効用**で考えていくべきだということをすでに知っています。また、実験2の解説で述

べたように、効用を数式で表した効用関数の形状とリスクに対する態度の間にはとても深い関係があります。

　次に、そのことを順に説明していきましょう。

■確実性等価

　まず、この実験3におけるくじLの賞金額に対する期待効用について考えてみましょう。期待効用は、くじLのそれぞれの賞金額に対する効用とそれが当たる確率を掛けて、すべての場合について足し合わせたものですので、

$$0.4 \times u(1000) + 0.6 \times u(100)$$

となります。ここで、u は効用関数で、例えば、$u(1000)$ は1000円を受け取ったときに感じる効用（満足度）の値を表します。同様に、$u(100)$ は100円を受け取ったときに感じる効用の値です。これまでの実験と同様に、効用関数を賞金額 x に対する平方根 $u=\sqrt{x}$ だと仮定すると、先の期待効用は具体的に、

$$0.4 \times \sqrt{1000} + 0.6 \times \sqrt{100} \fallingdotseq 18.65$$

と求めることができます。

　さて、ここで別のくじMを考えてみることにします。

　このくじMは、100％の確率で賞金額 C 円が得られるものとします。意思決定理論では100％の確率で賞金が当たるとしても、それをやはりくじとして考えます。ここでも効用関数を平方根 $u=\sqrt{x}$ だと仮定すると、このくじMの期待効用は $1.0 \times \sqrt{C} = \sqrt{C}$ となります。

　それでは、ここで、実験3のくじLとこのくじMから得

られる賞金の期待効用が等しいと仮定してみましょう。2つのくじの期待効用は等しいのですから、確実に賞金額C円がもらえるくじMと、確率的に大小の賞金額がもらえるくじLは同じ価値であることになります。このような条件を満たす賞金額C円のことを、くじLの**確実性等価**（certainty equivalence）といいます。

　このことを具体的に式で表すと、

くじMの期待効用＝くじLの期待効用

$$\sqrt{C}=0.4\times\sqrt{1000}+0.6\times\sqrt{100}$$

となる賞金額C円が確実性等価になります。

　右辺のくじLの期待効用の値は18.65でしたから、

$$C=18.65^2 \fallingdotseq 347.82$$

となります。

　つまり、「100％の確率で347.82円をもらうこと」と、「40％の確率で1000円、60％の確率で100円をもらうこと」とが同じ価値であるとき、この$C=347.82$がくじLの確実性等価ということになります。

　さて、確実性等価とは何かがわかったところで、実験3の解説を続けます。

　実は、もし皆さんが実験3において自分の期待効用を最大にするような販売価格P円を選択しているなら、それはくじLの確実性等価C円に等しくなっています（その説明は第1章の補論Aを参照してください）。

　このように、実験3で用いられているBDM法は、皆さんにとってのくじLの確実性等価Cを測定する手法だった

ということです。つまり、

くじLの販売価格*P*＝くじLの確実性等価*C*

それで、この確実性等価*C*がわかれば、そこから皆さんのリスクに対する態度を導き出すことができます。

それでは、確実性等価とリスクに対する態度との関係について考えてみましょう。

■確実性等価とリスクに対する態度の関係

実験3のくじLでは、40％の確率で1000円、60％の確率で100円が当たるので、その賞金の期待値は460円でした。

そこで、100％の確率でこの460円の賞金がもらえるくじNを考えてみましょう。このくじNの賞金額の期待値は計算するまでもなく460円です。したがって、期待値でみると、くじLとNには違いがありません。

しかし、くじNでは確実に460円がもらえるのに対して、くじLの賞金額は1000円になることもあれば100円になることもあります。

つまり、くじLには期待値460円に比べて賞金額が低くなるリスクがあり、このリスクを避けたい人はくじNの方を選ぶはずです。このように、期待値が同じならばより確実に賞金額がもらえるくじを選好することを**リスク回避性**といいます。

一方で、くじLでは期待値に比べて高い賞金額1000円が得られるチャンスもあります。確率が多少低くてもこうしたチャンスに賭けたい人は、くじLを選びたいはずです。このように、期待値が同じならばより高い賞金額がも

らえるチャンスのあるくじを選好することを**リスク愛好性**といいます。

　最後に、期待値が同じならばくじLとくじNのどちらでもかまわないという人もいるでしょう。この場合を**リスク中立性**といいます。

　こうしたリスクに対する態度は、あるくじの賞金額の期待値をEとすると、そこからそのくじの確実性等価Cを引いた値$E-C$から判定することができます。

　具体的には、次の表1-3のようになります。

表1-3. 確実性等価とリスクに対する態度の関係

期待値－確実性等価 $E-C$	リスクに対する態度	リスク・プレミアム π
プラス	リスク回避的	プラス
ゼロ	リスク中立的	ゼロ
マイナス	リスク愛好的	マイナス

　例えば、実験3でくじLの販売価格Pを300円とした人は、BDM法の下では$P=C$であることから

$E-C=460-300=160>0$

となり、リスク回避的な人だと判定されます。

　また、表1-3には、**リスク・プレミアム**という見慣れない言葉が出てきています。意思決定理論では、この$E-C$の値をリスク・プレミアムといい、記号πを使って表します。

　リスク・プレミアムとは、リスクを避けるために支払っ

てもよい保険料のようなものだと考えるとよいでしょう。例えば、リスク回避的な人は、低い賞金額になるリスクを避けるためには、賞金の期待値Eよりも低い額Cを確実に受け取ることの方を望むので、$E-C>0$となります。このとき、リスク・プレミアムに相当する額$\pi=E-C$円を保険として支払ってもいいと思っている、と解釈できます。

　逆に、リスク愛好的な人は、あえてリスクを冒して高い賞金額を得るチャンスをあきらめて確実な額Cを受け取るのであれば、Cは期待値Eより高くなければならないと思っているので、$E-C<0$となり、リスク・プレミアムに相当する額$\pi=E-C$円を余分に受け取らないと気が済まない、ということになります（ここでは、保険として支払う額をプラスと考えるので、受け取る場合、その額はマイナスになります）。

　最後に、リスク中立的な人は、リスクがあろうとなかろうと期待値が同じであれば関係ないので、この人が要求するリスク・プレミアムの額はゼロとなります。

　くじの賞金額の期待値Eは容易に計算できます。さらに、くじの確実性等価Cは実験3で示したBDM法を使えば販売価格Pと等しくなります。そして、期待値Eから確実性等価Cを引いたリスク・プレミアムの値を求めて表1-3と照らし合わせれば、皆さんのリスクに対する態度を知ることができるというわけです。以上が表1-3にまとめた内容になります。

　また、リスク・プレミアムπがプラスであればあるほどリスク回避性の程度が大きく、マイナスであればあるほどリスク愛好性の程度が大きいということもわかります。

皆さんは、この実験で販売価格をいくらにしたでしょうか？　その結果から、皆さんのリスクに対する態度を判定してみてください。現実には、多くの人はリスク回避的な選択をするということが、意思決定理論の実験からわかっています。

■リスクに対する態度と効用関数

今度は、リスクに対する態度と効用関数の形状との関係を調べてみましょう。

次ページの図1 - 4に示した3種類のグラフは、横軸に賞金額x円、縦軸に賞金額xに対する効用$u(x)$をとった効用関数のグラフです。これらのグラフは順に、リスク回避的・リスク中立的・リスク愛好的な人の効用関数の例を表しています（なぜ図1 - 4のようなグラフが得られるのかを知りたい方は、第1章の補論Bを参照してください）。

リスク回避的な場合の効用関数は上側に向かって膨らんだ（上に凸の）形状、リスク中立的な場合の効用関数は直線（線形）、リスク愛好的な場合の効用関数は下側に向かってへこんだ（下に凸の）形状をしたグラフとなっています。

こうした形状をした関数は、わたしたちが中学や高校の数学で習った関数の中にもあります。以下がその具体例です（平方根はこれまで何度も用いました）。

リスク回避的な場合の効用関数：　$u(x) = \sqrt{x}$　（平方根）
リスク中立的な場合の効用関数：　$u(x) = x$　（直線）
リスク愛好的な場合の効用関数：　$u(x) = x^2$　（二次関数）

それでは、実験3で使用したくじLを例にして、上記の

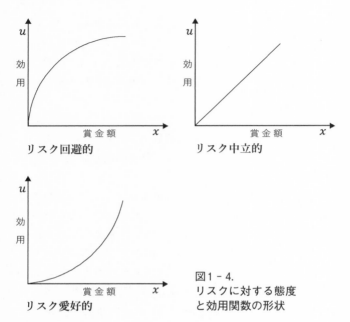

リスク回避的

リスク中立的

リスク愛好的

図1-4.
リスクに対する態度
と効用関数の形状

3種類の関数をもとに、リスクに対する態度とリスク・プレミアムとの関係が表1-3に記された通りであるかを確かめてみましょう。

まず、くじLの賞金額の期待値Eは460円でした。このくじLに対して、リスク回避的な人の効用関数を$u(x)=\sqrt{x}$と仮定すると、先に示したようにくじLの期待効用は18.65です。また、くじLに対する確実性等価Cは347.82となりますので、リスク・プレミアムは$\pi=E-C=460-347.82>0$となり、たしかに関数$u(x)=\sqrt{x}$はリスク回避的な人の効用関数を表しているといえます。

次に、リスク中立的な人の効用関数を$u(x)=x$と仮定す

ると、くじLの期待値と期待効用は等しく460となります。これが確実性等価Cの効用と等しいので、

$$u(C)=C=460$$

したがって、リスク・プレミアムπは$E-C=0$となり、たしかに関数$u(x)=x$はリスク中立的な人の効用関数を表しています。

最後に、リスク愛好的な人の効用関数を$u(x)=x^2$と仮定すると、くじLの期待効用は、

$$0.4×1000^2+0.6×100^2=406000$$

これが確実性等価Cの効用と等しいので、

$$u(C)=C^2=406000$$

両辺の平方根をとると、

$$C=\sqrt{406000}=637.18$$

したがって、リスク・プレミアムπは$E-C=-177.18<0$となり、たしかに関数$u(x)=x^2$はリスク愛好的な人の効用関数を表しています。

このように、実験3に記されたBDM法に従えば、リスクのある状況において皆さんのリスクに対する態度がリスク回避的なのか、リスク中立的なのか、はたまたリスク愛好的なのかを測定できることがわかります。

今回はさらに、確実性等価やリスク・プレミアムといった期待効用理論において重要な概念も紹介しました。さら

に数学的な側面を詳しく知りたい方は、第1章の補論Cも参照してください。

　また、リスク・プレミアムの大きさがリスク回避性やリスク愛好性の程度を表すと述べましたが、次の実験4では、リスク回避性の程度を表す尺度としてポピュラーな相対的リスク回避度というものを測定することにします。

4　相対的リスク回避度（その1）

　実験3では、あなたのリスクに対する態度がリスク回避的なのか、リスク中立的なのか、はたまたリスク愛好的なのかを判定しました。

　実験の結果としてリスク回避的であると判定される人が比較的多かったのではないかと思いますが、次に疑問になるのは、実験の参加者が、どの程度リスク回避的なのかということではないでしょうか。

　リスクに対する態度がリスク回避的である場合、実験3の解説で説明したリスク・プレミアムがプラスになりますが、その値の大きさが大きいほどリスク回避の程度が高いということはできます。

　意思決定理論では、リスク回避の程度を表すために相対的リスク回避度という尺度を用いることが適切だと考えられています。聞き慣れない言葉が出てきましたが、まずはこの相対的リスク回避度を測定する実験を行ってみましょう。

実験4：相対的リスク回避度の測定（その1）

　これから賞金額と賞金の当たる確率がそれぞれ異なる選択肢AとBとを比較して、どちらがよいかを選んでもらいます。組1から組10まで、合計10組のくじを比較してもらいます。

　選択肢Aでは、どの組においても、200円か160円のどちらかの賞金が当たります。選択肢Bでは、どの組に

おいても、385円か10円のどちらかの賞金が当たります。ただし、組ごとに高い方の賞金が当たる確率が異なります。

例えば、組1では、選択肢Aでは確率10%で200円、確率90%で160円が当たりますが、選択肢Bでは確率10%で385円、確率90%で10円が当たります。

以下の表は、それぞれの組ごとに、選択肢AとBにおいて各賞金が当たる確率を記したものです。それぞれの組について、選択肢AとBとを比較した場合、あなたならどちらの選択を選びますか。10組のくじのすべてについて、「あなたの選択」欄のAかBのどちらかに○を付けてください。

賞金額	選択肢　A		選択肢　B		あなたの選択
	200円	160円	385円	10円	
組1	10%	90%	10%	90%	A or B
組2	20%	80%	20%	80%	A or B
組3	30%	70%	30%	70%	A or B
組4	40%	60%	40%	60%	A or B
組5	50%	50%	50%	50%	A or B
組6	60%	40%	60%	40%	A or B
組7	70%	30%	70%	30%	A or B
組8	80%	20%	80%	20%	A or B
組9	90%	10%	90%	10%	A or B
組10	100%	0%	100%	0%	A or B

解説

この実験4は、10組のくじの比較を通じて、リスク回避の程度を示す相対的リスク回避度を測定するための実験で、複数価格リスト法（Multiple Price List：MPL）と呼ばれている手法です。

この複数価格リスト法では、それぞれの選択肢において賞金額を固定した状態で、賞金が当たる確率だけを順に変化させていきます。

なお、この手法の変形版として、それぞれの選択肢において賞金が当たる確率を固定した状態で、賞金額だけを順に変化させていくという実験もありますが、内容は同一です。ここでは、意思決定理論の実験で比較的多く用いられているバージョンを紹介しました。

おそらく、この実験を行った方のほとんどが、組1では選択肢Aを、組10では選択肢Bを選んだでしょう。組1では、選択肢Aを選べば確実に160円以上の賞金が手に入りますが、選択肢Bを選んだ場合、高額の賞金を得るチャンスが非常に少なく、ほとんどの場合に10円しか得られません。組1では、選択肢Aの方がBよりもリスクが低い、安全な選択と言えます。

これを期待値で考えてみると、組1の選択肢Aの**賞金の期待値**は、

$$0.1×200+0.9×160=164$$

であるのに対し、選択肢Bの**賞金の期待値**は、

$$0.1 \times 385 + 0.9 \times 10 = 47.5$$

です。

　仮にあなたが期待値を最大にするような選択を選ぶ**リスク中立的な人**であるなら、選択肢Aを選ぶはずです。

　また、仮にあなたが**リスク回避的な人**なら、その効用関数をこれまで使ってきた$u=\sqrt{x}$という平方根であるとすると、選択肢Aの**賞金の期待効用**は、

$$0.1 \times \sqrt{200} + 0.9 \times \sqrt{160} \fallingdotseq 12.8$$

選択肢Bの**賞金の期待効用**は、

$$0.1 \times \sqrt{385} + 0.9 \times \sqrt{10} \fallingdotseq 4.8$$

となり、やはり選択肢Aを選ぶはずです。

　今度は組10について考えてみます。この場合、選択肢Aでは確実に200円が手に入りますが、選択肢Bでは確実に385円が手に入ります。したがって、リスクに対する態度がどのようなものであろうと、誰もが選択肢Bを選ぶでしょう。

　では、組2から9についてはどうなるでしょうか？　もう一度、実験説明にある表を見てみます。この表では、組番号が大きくなるにつれて高い方の賞金が当たる確率が増えていくことがわかります。したがって、はじめは安全確実な選択肢Aを選んでいた人も、だんだんと選択肢Bにスイッチしようと考えるはずです。そこで、どの組でAからBにスイッチしたかを見れば、その人のリスク回避の程度を知ることができます。

実験4では、組番号が上がるにつれてリスクが高かった選択肢Bの魅力が増大していきます。しかし、安全第一で選択するリスク回避的な人はなるべく選択肢Aに留まろうとするでしょう。したがって、選択肢AからBにスイッチするくじの番号が大きいほど、その人はリスク回避的であるといえるわけです。

さて、この実験での選択とリスク回避の程度とを関係づけるために、まずそれぞれの組について賞金の**期待値**を計算し、さらに選択肢A、Bそれぞれの賞金の期待値の差を調べてみることにしましょう。賞金の期待値の差がプラスなら選択肢Aの方がBよりも賞金の期待値が大きいことになります。先ほどの組1の場合と同様にして計算していった結果をまとめると表1-4となります。

表1-4. 賞金の期待値とその差

組番号	選択肢Aの 賞金の期待値	選択肢Bの 賞金の期待値	期待値の差 A－B
1	164	47.5	116.5
2	168	85.0	83.0
3	172	122.5	49.5
4	176	160.0	16.0
5	180	197.5	-17.5
6	184	235.0	-51.0
7	188	272.5	-84.5
8	192	310.0	-118.0
9	196	347.5	-151.5
10	200	385.0	-185.0

表1-4から、組5で選択肢Bの賞金の期待値が選択肢Aの賞金の期待値を上回ることがわかります（「期待値の差A-B」欄を見てください）。

そのため、期待値を最大にする選択を選ぶ**リスク中立的な人**は、組1から4までは選択肢Aを選び、組5以降は選択肢Bにスイッチすることがわかります。

次に、**リスク回避的な人**ならどのような選択をすることになるのか、効用関数を平方根$u=\sqrt{x}$だと仮定した上で、先ほどの組1の場合と同様に選択肢AとBの賞金の期待効用を計算し、その差を求めたのが表1-5になります。なお、賞金の期待効用の差がプラスなら選択肢Aの方がBよりも賞金の期待効用が大きいことになることに注意してください。

表1-5. 賞金の期待効用とその差（効用関数$u=\sqrt{x}$の場合）

組番号	選択肢Aの 賞金の期待効用	選択肢Bの 賞金の期待効用	期待効用の差 A－B
1	12.8	4.8	8.0
2	12.9	6.5	6.4
3	13.1	8.1	5.0
4	13.2	9.7	3.5
5	13.4	11.4	2.0
6	13.5	13.0	0.5
7	13.7	14.7	-1.0
8	13.8	16.3	-2.5
9	14.0	18.0	-4.0
10	14.1	19.6	-5.5

　この表1-5から、組7で選択肢Bの賞金の期待効用が選択肢Aの賞金の期待効用を上回ることがわかります（「期待効用の差A-B」欄を見てください）。

　そのため、期待効用を最大にする選択を選ぶリスク回避的な人は、組1から6までは選択肢Aを選び、組7以降は選択肢Bにスイッチすることがわかります。

　もちろん、この結果は効用関数を平方根だと仮定した上でのものです。リスク回避性を表現する効用関数は、その形状が上側に膨らんだ（上に凸）ものであればいいのですから、平方根以外にも様々な関数がありえます。ただ、リスク中立的な人は組5で選択肢Bにスイッチするので、効用関数がどのようなものであれ、リスク回避的な人は組5以降で選択肢Bにスイッチすることになるということはいえます。

　最後に、**リスク愛好的な人**ならどのような選択をすることになるのでしょうか。効用関数を実験3で取り上げた賞金額 x に関する二次関数 $u=x^2$ だと仮定して、選択肢AとBの賞金の期待効用を計算し、その差を求めたのが次ページの表1-6になります。なお、賞金の期待効用の差がプラスなら選択肢Aの方がBよりも賞金の期待効用が大きいことになることに注意してください。

　次ページの表1-6から、組2で選択肢Bの賞金の期待効用が選択肢Aの賞金の期待効用を上回ることがわかります（「期待効用の差A-B」欄を見てください）。

　そのため、期待効用を最大にする選択を選ぶリスク愛好的な人は、組1では選択肢Aを選び、組2以降は選択肢Bにスイッチすることがわかります。

表1-6. 賞金の期待効用とその差
　　　　（効用関数が二次関数 $u=x^2$ の場合）

組番号	選択肢Aの 賞金の期待効用	選択肢Bの 賞金の期待効用	期待効用の差 A－B
1	27040	14912.5	12127.5
2	28480	29725.0	-1245.0
3	29920	44537.5	-14617.5
4	31360	59350.0	-27990.0
5	32800	74162.5	-41362.5
6	34240	88975.0	-54735.0
7	35680	103787.5	-68107.5
8	37120	118600.0	-81480.0
9	38560	133412.5	-94852.5
10	40000	148225.0	-108225.0

　やはり、この結果は効用関数を二次関数だと仮定した上でのものであって、リスク愛好性を表現する効用関数は、その形状が下側に膨らんだ（下に凸）ものであればいいのですから、それ以外の関数も考えられます。ただ、効用関数がどのようなものであれ、リスク愛好的な人は組5よりも前に選択肢Bにスイッチすることになるということはわかります。

　このように実験4では、選択肢AからBへスイッチしたのが組番号5なのか、それともそれ以降、あるいはそれ以前なのかを見ることで、その人のリスクに対する態度を判断することができます。皆さんは、どの組番号で選択肢B

にスイッチしたでしょうか？

　さらに、意思決定理論ではリスク回避の程度をより精緻に調べるために、**絶対的リスク回避度**と**相対的リスク回避度**という尺度を用います。次にこれらの尺度の内容を詳しく説明します。

■絶対的リスク回避度と相対的リスク回避度

　リスク回避的な人はリスク・プレミアムの値 π がプラスになるということを実験3の解説で見ました。リスク・プレミアムとは、くじの賞金の期待値 E から、くじの確実性等価 C を引いた値です。さらに、リスク回避の程度が大きいほど、リスクを避けるために支払う保険としてのリスク・プレミアムの値が大きくなることも確認しました。

　ここで、リスク回避の程度を、リスク回避性を表現する効用関数の傾きによって表現することを考えます。

　これまで例に使用してきた平方根の効用関数 $u=\sqrt{x}$ を考えればわかりますが、こうした関数は実験1で解説した限界効用逓減の法則を示すのでした。したがって、得られる賞金額が大きくなるにつれて、1単位当たりの効用の増加分、つまり効用関数の傾きは小さくなっていきます。

　そこで効用関数の傾きが大きい人と小さい人とを比べると、効用関数の傾きがより大きい人の方がリスク回避的な

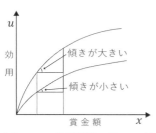

図1-5. 効用関数の傾きの差

人であることがわかります（図1‐5）。

効用関数の傾きが大きいということは、限界効用逓減の度合いが小さいということなので、この人は少ない賞金でも高い効用の増加を感じるので、あえてリスクを冒してまで高い賞金を狙うことはないからです。反対に、効用関数の傾きが小さいということは、限界効用逓減の度合いが大きいということなので、この人は少ない賞金では大して効用は増加しないので、より高い賞金を獲得しようとすることでしょう。

このように、効用関数の傾きとリスク回避の程度には密接な関係がありますので、このことを数式で表現することを考えてみましょう。

このような考え方を基に提案されたリスク回避性の尺度を、**絶対的リスク回避度**といいます。

賞金額 x 円のもとでの絶対的リスク回避度 $A(x)$ は、効用関数 $u(x)$ の傾きと、その傾きの変化率の比として、以下の式（1）のように定義されます。

絶対的リスク回避度 $A(x) = -\dfrac{u(x)\text{の傾きの変化率}}{u(x)\text{の傾き}}$ ……（1）

ここでマイナスの符号を付けるのは、$A(x)$ の値が小さいほどリスク回避度が高いということを表現するためです。例えば「効用関数の傾き」に対する「その傾きの変化率」の比率が0.1の人は、それが0.5の人よりもリスク回避の程度が高いわけですが、この値をそのままリスク回避度にすると、数値が小さい方が、リスク回避度が大きくなり大小関係が逆になってしまいます。そのためにマイナス符

号を付けています。実際、−0.1 は −0.5 より大きいので不都合はなくなります。

　次に、効用と賞金の関係を見ていきましょう。

　リスク回避の程度は、得られる賞金額 x が大きいほど、大きくなると考えることができます。そこで、賞金額 x の値を、先ほどの絶対的リスク回避度に掛けることで、賞金額 x の値の大きさが与える効果を加味したものを、**相対的リスク回避度**といいます。

$$相対的リスク回避度 R(x) = A(x) \times x$$

　効用関数の傾きに関連付けたリスク回避性の程度を表す尺度として、絶対的リスク回避度も相対的リスク回避度も、どちらも意思決定理論で使用されますが、特に相対的リスク回避度はよく用います。

　相対的リスク回避度の値が調べやすい関数の形として、意思決定理論では以下のような関数がよく用いられます。

$$u(x) = \frac{x^{1-r}}{1-r} \quad , \quad r \neq 1 \quad \cdots\cdots(2)$$

　なお、分母の $1-r$ は、計算の便宜上導入されます。

　このような関数は、専門的には**相対的リスク回避度一定の効用関数**と呼ばれます。このような名称で呼ばれる理由は、この効用関数に対する相対的リスク回避度は計算すると

$$R(x) = r$$

となり、賞金額 x の大きさに関わらず一定の値 r を取るためです（第1章の補論D参照）。

　また、この相対的リスク回避度一定の効用関数は、計算

上の便宜だけではなく、実験参加者の効用関数とよく一致するため、意思決定理論の実験で重宝されています。

■相対的リスク回避度の測定

さて、ここで皆さんの効用関数が先ほどの相対的リスク回避度一定の効用関数だと仮定します。その上で、実験4での選択結果から皆さんの相対的リスク回避度を測定してみましょう。

ここで重要になるのが、**無差別**（indifference）という考え方です。選択肢ＡとＢとが**無差別**である場合、それぞれの選択肢の期待効用は等しいということです。つまり、意思決定者にとって、選択肢Ａを選ぼうとＢを選ぼうとどちらでもかまわない、同じ価値である、というのが無差別ということです。

実験4では2つのくじ、つまり、選択肢ＡとＢとを順に比較していきました。最初の組1では選択肢Ａを選んでいた人が、組10に至るまでに選択肢Ｂに選択をスイッチするはずだということも、すでにわかっています。

ここで注目するのは、実験参加者である皆さんが選択肢ＡからＢにスイッチする瞬間です。もっと言えば、選択肢ＡとＢとが無差別になる瞬間です。

いま実験4において、高い方の賞金が当たる確率をpとすると、選択肢ＡとＢとが無差別、つまり、両者の期待効用が等しいのは、次の式が成り立つ場合です。

$$p \times u(200) + (1-p) \times u(160) = p \times u(385) + (1-p) \times u(10) \quad \cdots\cdots(3)$$

式（3）の左辺は選択肢Ａを選んだときの期待効用で、

右辺は選択肢Bを選んだときの期待効用を表しています。詳しく述べると、左辺は確率pで200円が当たり効用$u(200)$が得られ、確率$1-p$で160円が当たり効用$u(160)$が得られることを表しています。これが選択肢Aを選んだときの期待効用です。右辺も同じように、選択肢Bにおいて、確率pで385円が当たり効用$u(385)$が得られ、確率$1-p$で10円が当たり効用$u(10)$が得られる場合の期待効用を表しています。

さて、上記の式（3）が成り立つのは、皆さんがちょうど選択肢AからBにスイッチした組番号のくじに対してのはずです（正確には、その手前）。というのは、それより前の組番号では選択肢Aの期待効用の方が選択肢Bの期待効用よりも大きく、それより後の組番号では選択肢Bの期待効用の方が選択肢Aの期待効用よりも大きいからです。

仮に皆さんが選択肢AからBにスイッチしたのは、組6だったとします。組6では高い方の賞金が得られる確率は$p=0.6$です。したがって、先ほどの選択肢AとBとが無差別であることを表す式（3）は次のようになります。

$$0.6×u(200)+0.4×u(160)=0.6×u(385)+0.4×u(10)\cdots\cdots(4)$$

さらに、効用関数$u(x)$が先ほど紹介した、式（2）の相対的リスク回避度一定の効用関数だとすると、例えば、賞金額$x=200$に対する効用は、

$$u(200)=\frac{200^{1-r}}{1-r}$$

となります。

式（4）のそれぞれの賞金額にこの相対的リスク回避度

一定の効用関数を当てはめると、選択肢ＡとＢとが無差別であることを表す式（3）は、

$$0.6 \times \frac{200^{1-r}}{1-r} + 0.4 \times \frac{160^{1-r}}{1-r} = 0.6 \times \frac{385^{1-r}}{1-r} + 0.4 \times \frac{10^{1-r}}{1-r}$$

となります。

この方程式を満たすようなrの値を求めれば、それが皆さんの相対的リスク回避度になります。このようにして求めた値を**閾値相対的リスク回避度**と呼ぶことにします。

ただ、この方程式は手計算では解けず、数値計算によってしか解くことができませんので、フリーの統計ソフトＲを使用して計算してみました。表1-7はその計算結果をまとめたものです（Ｒのプログラム例は、第1章の補論Ｅに掲載しています）。

表1-7. 閾値相対的リスク回避度rの値

選択肢Bにスイッチした組番号	高い賞金が当たる確率 p	閾値相対的リスク回避度 r
2	0.1	-1.71
3	0.2	-0.95
4	0.3	-0.49
5	0.4	-0.14
6	0.5	0.15
7	0.6	0.41
8	0.7	0.68
9	0.8	0.97
10	0.9	1.37

　この表の見方を説明します。左端の列は、選択肢Bにス
イッチした組番号です。例えば、ちょうど組2でBにスイ
ッチした人は「2」の行を見ます。ちょうど組6で選択肢
Bにスイッチした人は「6」の行を見ます。組1でBにス
イッチした人の閾値相対的リスク回避度は−1.71以下となり
ます。

　真ん中の列は、参考までにそれぞれの組番号において高
い方の賞金が当たる確率を転記したものです。

　右端の列は、それぞれの組番号のときに選択肢AとBが
無差別になったものとして、先ほどの式（3）を数値計算
で解いて求めた閾値相対的リスク回避度rの値です。

　まず、この閾値相対的リスク回避度が、組1よりも組
2、組2よりも組3、……に対するものの方が大きい値であ
ることに注目してください。閾値相対的リスク回避度の値
が大きいほど、その値を超えてBにスイッチするためには
相対的リスク回避度の値が大きくなければならないため、
リスク回避的な人ほど後の組番号でスイッチすることにな
ります。

　次に注意していただきたいのは、実験4では、高い方の
賞金が当たる確率を10%刻みで変化させたということで
す。そのため、閾値相対的リスク回避度の値もそれに伴っ
て飛び飛びの値になっています。ですから、皆さんにとっ
て本当の閾値相対的リスク回避度は、この表にあるどれか
の数値と数値の間にある可能性があります。

　例えば、リスク中立的な人の場合、相対的リスク回避度
は0になるので、閾値相対的リスク回避度も0になりま
す。ですから、そういう人の本当の閾値相対的リスク回避

度は、表1‐7の組4と組5の値の中間にあるはずです。

　より正確に閾値相対的リスク回避度を測定するためには、高い方の賞金が当たる確率の刻み幅を10％よりも細かく、例えば、1％刻みにしなければなりません。しかし、その場合には全部で100組のくじを比較しなければならないため、実際にそのような実験を実施するのは大変です。

　そこで、実際は、選択肢AからBにスイッチした前後の組番号に対する閾値相対的リスク回避度を平均することになります。

　例えば、あなたが組6で選択肢Bにスイッチしたとすれば、あなたの相対的リスク回避度は、表1‐7での組5に対する閾値相対的リスク回避度0.15よりは大きく、組6に対する閾値相対的リスク回避度0.41よりは小さい、ということになります。そこで、その両者の平均

$$\frac{0.15+0.41}{2}=0.28$$

を閾値相対的リスク回避度とみなすことにします。

　さて、この実験4では、リスク回避性の程度を測定するにあたって、絶対的リスク回避度や相対的リスク回避度といった新しい概念を学び、相対的リスク回避度を数値的に求める手法を身に付けました。

　次の実験5では、この実験4で学んだことを、異なる設定の実験によって復習します。実験5はゲームとして楽しむことができる形式になっています。

5　相対的リスク回避度（その2）

　これまでの実験とその解説を通じて、期待効用理論に関する様々な重要概念や考え方を紹介してきました。

　その中でも特に重要なのは、**リスクに対する態度**です。リスクのある状況であなたはあえてリスクを冒すリスク愛好的な人なのか、あるいはできるだけリスクを避けるリスク回避的な人なのか、はたまた期待値が等しければリスクのあるなしは関係ないというリスク中立的な人なのか。

　また、このリスクに対する態度は、その人のリスクに対する選好を表す**効用関数の形状**と関係しているのでした。そして、効用関数の形状を決める上で重要なのが、**リスク・プレミアム**という概念です。これは、リスクを避けるためだったら支払ってもよい保険料のことで、リスク・プレミアムが高い人ほどリスク回避的であるということでした。

　先ほどの実験4では、このリスク回避性の程度を表す尺度として**相対的リスク回避度**というものを導入し、これを測定する実験を行いましたが、今回は、これまでの実験のようなスタイルではなく、ゲームのような楽しい実験を通じてこれまで学んできたことの復習をしたいと思います。

　では、さっそく実験5を行ってみましょう。この実験はぜひScratchで作成したプログラムで行うことをお勧めします。

実験5：相対的リスク回避度の測定（その2）

　次のようなゲームを考えてみましょう。

　あなたのお店の倉庫には縦に10個、横に10個、合計100個の箱が置かれています。それぞれの箱には出荷前の製品が収められています。

　ところが、この箱のどれか1つに爆弾を仕掛けたという脅迫電話がかかってきました。箱は厳重に梱包されているので、1つずつ開けてたしかめる時間はありません。そこで、あなたは倉庫からk個（$k=0$から100）の箱を運び出すことにしました。もちろん、1箱も運び出さないことも可能です。

　もし、運び出した箱の中に爆弾が仕掛けられていなければ、あなたは運び出した箱1つにつき1点を得ることができます。k個運び出したとすれば合計k点です。しかし、運び出した箱の中に爆弾が仕掛けられていれば、爆発によってゲーム終了となり、あなたの得点は0点になります。

　では、あなたなら最大で何個の箱を運び出しますか？0から100までの整数で答えてください。

解説

　実験5は、最近よく用いられるようになってきた、相対的リスク回避度を測定する実験法です（本書では「**爆弾課題**」と呼ぶことにします）。

　先ほどの実験4では、皆さんに10組のくじを比較しても

らいましたが、この実験では運び出す箱の数kを聞くだけでよいので、とても簡単です。

　また、実際にScratchで作成したプログラムで実験をやってみた人はわかると思いますが、この実験は「マイン・スイーパー」というコンピュータ・ゲームによく似ていて、それ自体で楽しむこともできます。

　それでは、この実験5の「爆弾課題」について考えていきましょう。

　まず、この実験においてあなたが運び出した箱の数kに対して、その中に爆弾が仕掛けられていれば、あなたの得点は0点になります。100個の箱に仕掛けられた爆弾がどの箱に入っているかは事前にわかりませんので、どの箱についても爆弾が入っている可能性があり、その確率は1/100と考えられます。したがって、あなたが選んだk個の箱のどれかに爆弾が入っている確率は$k/100$となります。例えば、30個の箱を運び出したとすれば、あなたが選んだ箱のどれかに爆弾が入っている確率は30/100、つまり、30%ということになります。

　逆に、運び出さなかった残り$100-k$個の箱の中に爆弾が仕掛けられている確率は、先ほどと同じように考えれば$(100-k)/100$です。このときにはあなたはk点を得ます。

　したがって、この実験5は、次のようなくじLとして表すことができます。

$$\text{くじL}=\begin{cases} 0点 & 確率\ \dfrac{k}{100} \\ k点 & 確率\ \dfrac{100-k}{100} \end{cases}$$

それでは、このくじLの期待効用を考えてみましょう。ここで、くじLの期待効用を、選んだ箱の数kの関数として$EU(k)$と表すことにします。また、得点xに対する効用関数を$u(x)$と表します。

　これまでの実験で見てきたように、くじLの期待効用は、得点が当たる確率にその得点から得られる効用を掛けたものを、すべての場合について足し合わせた値になりますから、以下のようになります。

$$EU(k)=\frac{k}{100}\times u(0)+\frac{100-k}{100}\times u(k)$$

　ここでさらに、得点$x=0$のときの効用を0、つまり$u(0)=0$とすると、くじLの期待効用は、

$$EU(k)=\frac{100-k}{100}\times u(k)$$

となります。

　ここで、この期待効用$EU(k)$は、あなたが選んだ箱の数kによって変化することに注目してください。このことから、期待効用を最大にするためには、$EU(k)$の値が最大になるような箱の数kを選べばよいことがわかります。

　ただし、期待効用$EU(k)$を最大にするようなkの値は、あなた自身の効用関数$u(x)$がどのような形状であるのかによって変わります。

　そこで、実験4と同じように、この実験5でも相対的リスク回避度一定の効用関数を仮定しましょう。具体的には、次の効用関数を仮定してみます。

$$u(k)=k^{\alpha}　\cdots\cdots(5)$$

式（5）の効用関数は、実験4の解説で紹介した関数、

$$u(x) = \frac{x^{1-r}}{1-r} \quad , \quad r \neq 1$$

の分母を取り払い、次に、$x=k$, $1-r=\alpha$ と変数を置き換えたものです。

なお、実験3の解説で効用関数の具体例として挙げたものはすべて、以下のようにこの式（5）で α の値を変えることで得られます。

リスク回避的な場合の効用関数：$u(x)=\sqrt{x}$ $\left(\alpha=\dfrac{1}{2}\text{のとき}\right)$

リスク中立的な場合の効用関数：$u(x)=x$ $(\alpha=1\text{のとき})$

リスク愛好的な場合の効用関数：$u(x)=x^2$ $(\alpha=2\text{のとき})$

式（5）の効用関数の場合、相対的リスク回避度 $R(k)$ は

$$R(k) = 1 - \alpha$$

となります（第1章の補論F参照）。なお、$k=0$ のときは $R(k)=0$ とします。

また、この場合、<u>α の値が小さいほどリスク回避の度合いが強く</u>、α の最小値は0となります。また、$\alpha=1$ のときはリスク中立的な場合に当たります。なぜなら、$\alpha=1$ のとき、式（5）の効用関数は、

$$u(k) = k$$

となりますが、実験3で説明したように効用関数が直線になるのはリスク中立的な場合でした。

さて、式（5）の効用関数を用いると、期待効用 $EU(k)$ は、

$$EU(k) = \frac{100-k}{100} \times k^{\alpha}$$

と表されます。

　ここから、この期待効用 $EU(k)$ を最大にする k の値を求めると、

$$k = 100 \times \frac{\alpha}{1+\alpha} \quad \cdots\cdots (6)$$

となります（第1章の補論F参照）。

　したがって、あなたの効用関数が式（5）のようなものであって、かつ、あなたが期待効用を最大にするような選択をしているならば、あなたが選んだ箱の数 k はこの式（6）を満たしているはずです。

　そこで、式（6）を変形して α について解くと、

$$\alpha = \frac{k}{100-k} \quad \cdots\cdots (7)$$

となります。この式（7）の k にあなたが選んだ箱の数を代入すれば、あなたのリスク回避の程度を表す α の値がわかります。

　例えば、あなたが選んだ箱の数が $k=30$ 個だったとすると、式（7）から $\alpha \fallingdotseq 0.429$ となり、これからあなたの相対的リスク回避度は $R(k)=1-\alpha \fallingdotseq 0.571$ と求まります。

　しかし、この値は厳密にいえば正確ではないかもしれません。というのは、実験5では選べる箱の数は 0, 1, 2, … といった整数だけであるためです。実は、あなたの効用関数における α の値は、式（6）でいえば、ちょうど箱の数が $k=29.6$ のときかもしれないのです。

　もちろん、29.6個の箱というのは考えられませんから、

箱の数kが整数であるという前提の下で、あなたの効用関数におけるαの値は、式（7）によって求めた値と同じかそれより若干低い値であるという、一定の範囲で満足するしかありません。

そこで、この範囲を正確に確定するために、実験4の解説で説明した**閾値相対的リスク回避度**という値を求めてみることにしましょう。

実験4の場合、各組のくじにおいて選択肢AとBとが無差別、つまり、期待効用が互いに等しくなるような値として、閾値相対的リスク回避度の値を求めました。

この実験5の場合、閾値相対的リスク回避度の値は、隣り合う2つのkの値、例えば、$k=1$と$k=2$、$k=2$と$k=3$、に対する期待効用が互いに等しいという条件から求めます。

それでは、具体的に考えてみましょう。

例えば、$k=1$と$k=2$の場合を比較してみます。明らかに、$k=1$を選ぶ人の方が$k=2$を選ぶ人よりもリスク回避的（慎重）な人だといえます。先ほど述べたように、リスク回避の度合いが強いほど、その人の相対的リスク回避度αの値は小さいので、$k=1$を選ぶ人の方が$k=2$を選ぶ人よりもαの値は小さいはずです。

しかし、αの値が増加していくと、やがてその人は$k=1$ではなく$k=2$へと選択をスイッチするようになるはずです。このスイッチが起こるちょうど境界線上のαの値では、その人は$k=1$と$k=2$を選ぶことの間で無差別、つまり、どちらでもいいと考えているはずです。そのようなαの値が閾値相対的リスク回避度であり、このとき、$k=1$と$k=2$を選ぶことで得られる期待効用は等しくなっているは

ずです（図1‐6参照）。

相対的リスク回避度 r

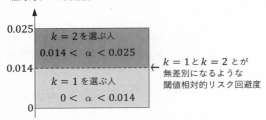

図1‐6. 閾値相対的リスク回避度の図解

　よって、効用関数が式（5）のようなタイプ$u(k)=k^{\alpha}$だとすると、$k=1$と$k=2$を選ぶことの間で無差別なら、kが1のときの期待効用$EU(1)$と、kが2のときの期待効用$EU(2)$が等しい、つまり、

$$\frac{100-1}{100}\times1^{\alpha}=\frac{100-2}{100}\times2^{\alpha}$$

を満たすようなαの値が、この場合の閾値相対的リスク回避度になります。

　この方程式は数値計算によってしか解くことができませんので、フリーの統計ソフトRを使って求めました（Rのプログラム例は、第1章の補論Gを参照してください）。

　計算の結果、この場合の閾値相対的リスク回避度の値は$\alpha\fallingdotseq0.014$となりました。

　したがって、相対的リスク回避度が0から0.014までの人は$k=1$を選び、相対的リスク回避度が$\alpha=0.014$を超える

とk＝2に選択をスイッチするということになります。

　同様にして、選んだ箱の数がk＝0の場合からk＝99の場合までの閾値相対的リスク回避度を計算し、この節の終わりに掲載した表1 - 8にまとめました。なお、k＝100の場合、式（7）の分母が0となってしまいαの値は定義できないので、表には含まれていません。

　あなたが選んだkの値と表1 - 8から、あなたの相対的リスク回避度のおおよその範囲を求めることができます。

　例えば、あなたが選んだ箱の数kが30個だとします。表1 - 8を見るとk＝30に対応する閾値相対的リスク回避度は0.438です。したがって、あなたの効用関数におけるαの値は、0.438かそれより小さい値になるはずです。

　では、その下限はいくらかというと、それを知るには実際に選んだ箱の数よりも1つ少ないk＝29に対する閾値相対的リスク回避度を見ればよいのです。この場合、閾値相対的リスク回避度は0.418ですので、あなたの相対的リスク回避度は0.418より大きくて0.438以下であるということがわかります。

　なお、k＝50のとき、式（7）によればα＝1になるので、これがリスク中立的な場合になります。また、αの値が小さいほどリスク回避的だったわけですから、k<50の人はリスク回避的で、k>50の人はリスク愛好的だと判断されることになります。

　このようにして、実験5において皆さんが選んだ箱の数だけから皆さんの相対的リスク回避度の範囲を定めることができるのです。

　なお、相対的リスク回避度を測定するという意味では、

実験4も実験5も同じ内容ですので、基本的にはその結果は一致するはずです。ですので、どちらの実験を使用しても構いません。皆さんがそれぞれの実験で求めた値をぜひ比較してみてください。

表1-8. 選んだ箱の数 k に対する閾値相対的リスク回避度の値

k	α	k	α	k	α	k	α
0	0	25	0.342	50	1.000	75	3.081
1	0.014	26	0.360	51	1.061	76	3.255
2	0.025	27	0.379	52	1.105	77	3.444
3	0.036	28	0.398	53	1.150	78	3.651
4	0.046	29	0.418	54	1.197	79	3.878
5	0.058	30	0.438	55	1.247	80	4.129
6	0.069	31	0.459	56	1.298	81	4.406
7	0.080	32	0.481	57	1.352	82	4.715
8	0.092	33	0.503	58	1.409	83	5.062
9	0.104	34	0.526	59	1.469	84	5.453
10	0.117	35	0.550	60	1.531	85	5.898
11	0.129	36	0.574	61	1.597	86	6.410
12	0.142	37	0.599	62	1.666	87	7.003
13	0.155	38	0.625	63	1.739	88	7.700
14	0.169	39	0.652	64	1.816	89	8.530
15	0.183	40	0.680	65	1.898	90	9.534
16	0.197	41	0.709	66	1.985	91	10.776
17	0.212	42	0.739	67	2.077	92	12.351
18	0.226	43	0.769	68	2.174	93	14.412
19	0.242	44	0.801	69	2.278	94	17.229
20	0.257	45	0.834	70	2.389	95	21.309
21	0.273	46	0.869	71	2.508	96	27.760
22	0.290	47	0.904	72	2.636	97	39.532
23	0.307	48	0.941	73	2.773	98	68.274
24	0.324	49	0.980	74	2.921	99	68.275

（ k：選んだ箱の数　 α：閾値相対的リスク回避度）

第1章のまとめ

　この第1章では、期待値から始めて、意思決定理論の基礎となる期待効用理論において重要な概念を実験を通じて学んできました。ここでは、それぞれの実験によってどのようなことがわかるのか、もう一度整理してみましょう。

　まず、**実験1**では1つの公平なコインを表が出るまで投げ続けて、初めて表が出るまでの回数に従って賞金額が変わるというゲームの参加権に値段を付けるということを通じて、数学的な賞金額の**期待値**とわたしたちの**直観的判断**とが食い違ってしまうという「**サンクトペテルブルクのパラドックス**」について学びました。

　期待値Eというのは、賞金額とそれが当たる確率を掛け合わせたものを、生じうるすべての場合について足し合わせた値でした。一般的に、確率pで賞金X円が当たり、確率$1-p$で賞金Y円が当たる「くじ」の場合、

$$期待値E=p \times X+(1-p) \times Y$$

ということでした。

　そこで、賞金額の期待値ではなく、賞金を得たことに対する主観的満足度を表す**効用**というものを導入し、この効用の期待値である期待効用で考えることでこのパラドックスが解消されることを見ました。

　ここで一般的に、確率pで賞金X円が当たり、確率$1-p$で賞金Y円が当たる「くじ」の場合、賞金x円を得たことに対する効用を表す関数（**効用関数**）を$u(x)$とすると、

このくじの期待効用 EU は、

$$期待効用 EU = p \times u(X) + (1-p) \times u(Y)$$

となります。

　さて、こうしたくじによって表されるような、どの利益（または損失）が発生するか事前にはわからないものの、それぞれ利益（または損失）が発生する確率はわかっているという状況を**リスク**というのでした。

　そして、こうしたリスクのある状況においては、くじの期待効用が最大となる選択をすることが最善であると考えるのが**期待効用理論**ということになります。

　しかし、どのような選択が最善になるかは、意思決定者がリスクに対してどのような好み、つまり、**リスク選好**をもっているかによって変わってきます。このリスク選好を表すのが**リスクに対する態度**というものでした。

　このリスクに対する態度については、賞金額が低くなろうともリスクのある状況はなるべく避けたいという**リスク回避性**や、高い賞金を得るためならばあえてリスクを冒そうとする**リスク愛好性**、そして期待値が同じならリスクのあるなしは関係がないという**リスク中立性**に分類されました。**実験2**では、リスクのある状況においての投資金額を通じて、皆さんのリスクの対する態度の測定を行いました。

　また、これらのリスクの対する態度は、**効用関数の形状**と関係しているため、皆さんの効用関数を推定するための実験をさらに行いました。**実験3**では、あるくじを販売する価格を決定することを通じて、くじの**確実性等価**を測定

しました。確実性等価とは、リスクのあるくじの期待効用と同じ満足度をもたらす100%確実な賞金額のことでした。一般的に、確率pで賞金X円が当たり、確率$1-p$で賞金Y円が当たるくじに対する確実性等価は、賞金x円に対する効用関数を$u(x)$とすると、以下の式を満たす値Cのことでした。

$$u(C)=p×u(X)+(1-p)×u(Y)$$

また、くじの期待値Eからこの確実性等価Cを引いた値π

$$\pi=E-C$$

を**リスク・プレミアム**といい、リスクを避けるためであれば支払ってもよい保険料だと説明しました。このリスク・プレミアムの値がプラスかマイナスか、はたまたゼロであるかが、以下のように効用関数の形状、つまり、リスクに対する態度と関係しているのでした。

$\pi>0 \Leftrightarrow$ リスク回避的
$\pi=0 \Leftrightarrow$ リスク中立的
$\pi<0 \Leftrightarrow$ リスク愛好的

実験4と**実験5**では、効用関数の形状をより詳しく見ていくために**相対的リスク回避度**という尺度を導入し、その測定を行いました。これは、効用関数の傾きの大きさが、賞金額の増加に従ってどう変化していくかを定量化した値で、その値が大きいほどリスク回避度が高いというものでした。

このように、これらの実験を通じて、リスクのある状況

における皆さんの効用関数の形状、つまり、リスク選好を
測定してきました。

　本書では、皆さんがどのようなタイプの意思決定者であ
るのかを知るために、その選好を測定することを第1の目
的としていましたが、最後に、こうして測定された選好を
どのように活用するのか、その一例を紹介します。

　例えば、実験5で測定された相対的リスク回避度が0.5
だったとします。このとき、実験5で想定していた相対的
リスク回避度一定の効用関数で見ると、皆さんの効用関数
は、賞金額xに対して、

$$u(x) = x^{0.5} = \sqrt{x}$$

と推定されます。

　こうして推定された効用関数が皆さんのリスク選好を表
しているわけですから、これを使えば、皆さんが他の実験
（問題）ではどのような選択をするのかを、あらかじめ**予
測する**ことができるのです。

　例えば、皆さんがまだ**実験2**を行っていないとします。
そこで、実験2を行ったとすれば、皆さんがどのような投
資金額を選ぶはずなのかを、上の推定された効用関数から
予測することができます。

　実験2ではz万円を投資するとその金額が1/2の確率で
2.5倍に、1/2の確率で0円になり、投資しなかった金額
$100-z$万円は手元に残っているので、この投資に対する期
待効用は、

$$\frac{1}{2} \times \sqrt{100-z+2.5z} + \frac{1}{2} \times \sqrt{100-z}$$

となります。期待効用理論に従えば、この期待効用を最大にするような投資額z万円をあなたは選ぶことになるはずです。実験2の解説で調べたように、計算すると、

$$z=33$$

のときに期待効用が最大になります。

　このようにして、人の効用関数がどのようなものかがわかっていれば、そこから期待効用を最大にする選択が何かを求めることができますので、それによってその人の選択をあらかじめ予想できるのです。

コラム1
パロンドのパラドックス

　第1章では、期待値で考えると直観に反した結論が得られるサンクトペテルブルクのパラドックスを紹介しました。実は、期待値で考えると直観に反した結論が得られるというこうしたパラドックスは他にもあります。

　そのひとつは物理学者のフアン・パロンド（Juan Parrondo, 1964-）が発見したもので、「パロンドのパラドックス」と呼ばれるものです。オリジナルの問題はやや難しいので、ここでは単純なバージョンを紹介します。

　いまあなたの所持金が100円だとして、次のようなゲームのどちらかを100回行うことを考えてください。
　ゲームA：毎回確実に1円を失う
　ゲームB：各回であなたの所持金が偶数のときは3円を得るが、奇数のときは5円を失う

　この問題では、ゲームAを行った場合、毎回1円を失って、100回目終了時点には0円になってしまいます。ゲームBを行った場合、1回目は所持金が偶数（100）なので3円を得て103円になりますが、2回目は所持金が奇数（103）なので5円失って98円（偶数）になります。3回目は3円を得て101円に、4回目は5円を失って96円、……と、2回おきに2円ずつ失うことになります。したがって、100回目終了時点にはやはり0円になってしまいます。

　このように、ゲームAとBのどちらを行っても、100回目終了時点には所持金をすべて失うことになります。

　しかし、ここで1回目はゲームB、2回目はゲームAというように、ゲームBから始めて、ゲームAとBを交互に

行うことを考えてみましょう。

　1回目はゲームBで所持金が偶数なので3円を得て103円になりますが、2回目はゲームAなので1円失って102円になります。3回目はまたゲームBで所持金が偶数なので3円を得て105円になり、4回目はゲームAなので1円を失って104円、……と、2回おきに2円ずつ増えることになります。したがって、100回目終了時点には所持金は200円になります。

　このように、賞金の期待値がマイナスであるような2つのゲームでも、それらを組み合わせると、賞金の期待値をプラスに転じることができるのです。これがパロンドのパラドックスです。

　株式投資の世界では、収益率とリスクの面で異なる株式を複数組み合わせることで、リスクが最小で、かつ収益率の期待値を最大にできる技術が開発されています。これなどはパロンドのパラドックスをうまく利用したものだと言えるかもしれません。

　実は、逆パロンドのパラドックスというものもありえます。最初の所持金を100円とし、ゲームを100回行うとすれば、次のゲームCとDはどちらも個別にプレーすればそれぞれの賞金の期待値はプラスになりますが、ゲームCから始めて、ゲームCとDを交互に行うと、2回おきに2円を失うことになるので、賞金の期待値はマイナスになってしまうのです。

　ゲームC：毎回確実に1円を得る
　ゲームD：各回であなたの所持金が偶数のときは5円を得るが、奇数のときは3円を失う

皆さんもご自分で確かめてみてください。

第**2**章

プロスペクト理論
期待効用理論を超えて

第1章では**リスクのある状況**における意思決定の基礎である**期待効用理論**について学びました。

　期待効用理論に従えば、くじにおける選択は賞金の期待値ではなく、賞金から得られる選択者の主観的満足度である効用の期待値、**期待効用**が最大になるような選択をすることが望ましいということがわかりました。

　さらに、この期待効用理論を前提に、皆さんのリスク選好を測定する実験を行いました。その上で、皆さんのリスクに対する態度を知るために重要な**相対的リスク回避度**を測定し、そこから実験に参加した人の効用関数の形状を決定しました。それによって、<u>リスクのある状況での選択はその人のリスクに対する態度によって異なる</u>ということがわかりました。

　では、この期待効用理論は、はたして満足のいく意思決定理論なのでしょうか？　第2章のテーマであるプロスペクト理論について考える前に、この期待効用理論について、もう一度検討してみたいと思います。

　第1章の実験1では、期待効用理論を導入するために「サンクトペテルブルクのパラドックス」に関する実験を行いました。これは、あるゲームでは、得られる賞金の期待値が無限大になるのに、わたしたちの直観的判断では、その価値はごくわずかな額にすぎないと感じるというものでした。

　そこで、リスクのある状況での意思決定では、賞金の期待値ではなく、期待効用を基準にすればこの矛盾は解消されます。多くの意思決定理論について書かれた本でも、期待効用理論の導入によってサンクトペテルブルクのパラド

ックスは解消されたと書かれています。しかし、本当はそうではないのです。期待効用理論の下でもサンクトペテルブルクのパラドックスが生じてしまう場合があるのです。

それを確かめるために、次の実験を行ってみましょう。

実験6：サンクトペテルブルクのパラドックス（その2）

偏りのない公平なコインを1つ、表が出るまで投げ続けるというゲームを考えます。このとき、k回目に初めて表が出たら $(2^k)^2$（単位は百円）の賞金がもらえるものとします。例えば、1回目で表が出た場合 $(2^1)^2=2^2=4$（百円）、2回目で初めて表が出た場合 $(2^2)^2=4^2=16$（百円）、3回目で初めて表が出た場合 $(2^3)^2=8^2=64$（百円）などとなります。

ここで、あなたはこのゲームに一度だけ参加する権利を無償で手に入れましたが、これを他の人に売ることにしました。さて、あなたなら、最低いくらでこのゲームの参加権を販売しますか？　0以上の整数で答えてください。

解説

この実験6は、見た目は実験1とほとんど同じですが、コインの表が出たときに得られる賞金額が違うことに気が付いたと思います。

実験1では、k回目に初めて表が出たときに2^k（百円）の賞金が得られましたが、この実験6ではその賞金額をさ

らに2乗した額 $(2^k)^2$（百円）が得られます。

それでは、実験1の場合と同様に、この実験6での賞金の期待値を計算してみましょう。

まず、1回目で表が出てゲームが終了する確率は1/2で、そのときの賞金額は $(2^1)^2=2^2=4$（百円）です。2回目に初めて表が出る確率は、1回目が裏で2回目が表という事象の生じる確率ですから1/4で、そのとき賞金額 $(2^2)^2$ $=4^2=16$（百円）が得られます。以下同様にして、3回目に初めて表が出た場合、4回目に初めて表が出た場合、……と計算していくと、

$$賞金の期待値=\frac{1}{2}×2^2+\frac{1}{4}×4^2+\frac{1}{8}×8^2+\frac{1}{16}×16^2+\cdots$$

$$=2+4+8+16+\cdots \rightarrow \infty$$

このように、このゲームから得られる賞金の期待値は、実験1の場合よりも早く増加していって、やはり無限大に発散します。

では、ここに期待効用理論を適用するとどうなるでしょうか？　**期待効用**とは、これまでもう何度も出てきましたが「賞金が当たる確率×賞金を得たことで感じる効用」でした。

実験1のときと同じように、賞金額をx（百円）としたとき、その効用関数を平方根$u(x)=\sqrt{x}$で考えると、賞金の期待効用は以下のようになります。

$$\frac{1}{2}\times u\left(2^2\right)+\frac{1}{4}\times u\left(4^2\right)+\frac{1}{8}\times u\left(8^2\right)+\frac{1}{16}\times u\left(16^2\right)+\cdots$$

$$=\frac{1}{2}\times\sqrt{2^2}+\frac{1}{4}\times\sqrt{4^2}+\frac{1}{8}\times\sqrt{8^2}+\frac{1}{16}\times\sqrt{16^2}+\cdots$$

$$=\frac{1}{2}\times2+\frac{1}{4}\times4+\frac{1}{8}\times8+\frac{1}{16}\times16+\cdots=1+1+1+1+\cdots\rightarrow\infty$$

このように期待効用も無限大に発散してしまうことがわかります。

さて、実験6で皆さんが回答した金額はいくらだったでしょうか？　このゲームの参加権を販売する金額は、実験1よりは高くしたと思いますが、それでも目が飛び出るほどの高額ではなかったはずです。実際、実験6のゲームに参加するためだったらいくらでもお金を支払ってもよいと考える人はいないでしょうから、皆さんの直観的判断の方が正しいと考えてもよいのではないでしょうか。

この結果から、実は期待効用理論で考えても、サンクトペテルブルクのパラドックスは完全には解消されていなかったことがわかります。

このゲームでは、ちょっといじわるな賞金額を設定したからうまくいかなかったのではないか？　と考える人もいるかもしれません。

しかし、期待効用理論を日々の意思決定の指針として利用しようとするなら、それはどのような状況でも当てはまるものであるべきです。この状況には当てはまるが、あの状況には当てはまらないという理論では、自分が直面している意思決定の状況に、期待効用理論が当てはまるのかどうかをいちいち見極めてからでないと使用できないことに

なり、大変不便です。悪くすれば、状況ごとに別々の理論を考えなくてはならなくなり、それでは一般的な理論とはいえないことになるでしょう。

このように考えると、期待効用理論は決して満足のいく意思決定の理論ではないかもしれない、という疑問が出てきます。この点をさらに追究する実験を次に行ってみることにしましょう。

そして、その実験をふまえて、期待効用理論を修正する意思決定理論として**プロスペクト理論**（prospect theory）を紹介します。プロスペクト理論とは、心理学者のダニエル・カーネマン（Daniel Kahneman, 1934-）とエイモス・トベルスキー（Amos Tversky, 1937-1996）によって生み出された理論です。なお、プロスペクトとは、予測、見込み、見通し、などの意味を持つ英語です。

このプロスペクト理論を非常に簡単にいえば、期待効用理論に対し、実験によって得られた「様々な心理学的洞察」を組み入れて改良した理論ということになります。

ちなみに、カーネマンは、このプロスペクト理論を中心的理論とする**行動経済学**（behavioral economics）と呼ばれる意思決定理論に関する開拓的業績によって2002年にノーベル経済学賞を受賞しています（トベルスキーはすでに亡くなっていたため受賞していません）。

では、さっそく次の実験に進みましょう。

1　期待効用理論のパラドックス1

　先ほどの実験6では、**期待効用理論**の下でもサンクトペテルブルクのパラドックスは解消されていないということがわかりました。

　さらに、サンクトペテルブルクのパラドックス以外にも期待効用理論で考えると矛盾した結果が得られるという事例が存在します。

　次の実験7と8では、「**アレのパラドックス**」と呼ばれる意思決定の課題を行います。そこから期待効用理論の問題点を探り、**プロスペクト理論**の導入へと進んでいきます。

　解説では、問題点をより深く理解するために、期待効用理論の前提となっている「**公理**」と呼ばれる<u>意思決定に関する規則（パターン）</u>について考え、期待効用の前提となる公理には、どのような問題があったのかを明らかにしていきます。

　それでは、さっそく実験7に取り組んでみましょう。

実験7：アレのパラドックス（共通結果効果）

　以下のような2つのくじAとBとを比較してください。

くじA：　　100%の確率で1万円が得られる

くじB：　　10%の確率で5万円、89%の確率で1万円が
　　　　　　得られるが、1%の確率で何も得られない

　この2つのくじのうちどちらかを無償で手に入れられる

としたら、どちらのくじが欲しいですか？　AかBかで答えてください。

　次に、以下の2つのくじCとDとを比較してください。

くじC：　11％の確率で1万円が得られるが、89％の確率で何も得られない

くじD：　10％の確率で5万円が得られるが、90％の確率で何も得られない

　この2つのくじのうちどちらかを無償で手に入れられるとしたら、どちらのくじが欲しいですか？　CかDかで答えてください。

解説

　この実験7は、1953年にモーリス・アレ（Maurice Allais, 1911-2010）という経済学者が発表した実験課題です。アレは1988年にノーベル経済学賞を受賞しています。

　さて、アレは世界的に権威のある経済学会において、期待効用理論の発展に寄与してきた学者たちに、この「実験7」に回答するよう依頼しました。

　その結果、多くの学者たちは、最初の選択では「くじA」を選び、次の選択では「くじD」を選ぶと答えたそうです。

　皆さんの回答はどうだったでしょうか？　やはり、それぞれの問いに「くじAとくじD」と答えたでしょうか？

実際、その後の実験研究でも、少なくない数の人が同様の回答をすると報告されています。しかし、この回答は期待効用理論の予測とは全く異なっているのです！

　そのことを確認するために、これまでの実験と同様に、まずそれぞれのくじに対する期待効用を計算してみましょう。

　まずくじAの期待効用を考えます。賞金額x円から得られる効用を表す効用関数を$u(x)$と表すと、100％の確率で1万円が得られる**くじAの期待効用**は、

$$1.0 \times u(1万円)$$

になります。

　同様に、**くじBの期待効用**は次のようになります。

$$0.1 \times u(5万円) + 0.89 \times u(1万円) + 0.01 \times u(0円)$$

　ここで、何も賞金を得られない、賞金額が0円のときの効用は0と考えるのが自然ですので、$u(0円) = 0$とします。

　さて、この実験7において、くじAとBとを比較してくじAの方を選んだということは、言い換えれば、くじAの期待効用の方がくじBの期待効用よりも大きかったということを意味します。したがって、

関係式1

くじAの期待効用＞くじBの期待効用

$$1.0 \times u(1万円) > 0.1 \times u(5万円) + 0.89 \times u(1万円)$$

が成立しているということになります。

今度は後半のくじCとDとの比較について考えましょう。

　まず、くじCでは11％の確率で1万円が得られるが、89％の確率で何も得られないので、**くじCの期待効用**は、

$$0.11 \times u(1万円) + 0.89 \times u(0円) = 0.11 \times u(1万円)$$

になります。先ほどと同様に$u(0円) = 0$としています。

　くじDでは、10％の確率で5万円が得られるが、90％の確率で何も得られないので、**くじDの期待効用**は、

$$0.1 \times u(5万円) + 0.9 \times u(0円) = 0.1 \times u(5万円)$$

となります。

　くじCとDとの選択で、くじDを選んだということは、くじDの期待効用がくじCの期待効用よりも大きかったということを意味します。したがって、

関係式2

$$くじDの期待効用 > くじCの期待効用$$
$$0.1 \times u(5万円) > 0.11 \times u(1万円)$$

が成立しているということになります。

　さて、**関係式1**の左辺と右辺の両方に$u(1万円)$に関係する項がありますので、右辺の項を左辺に移項して整理すると、**関係式1**は、

$$0.11 \times u(1万円) > 0.1 \times u(5万円)$$

になります。

　すると関係式1と2では不等号が逆向きになっています。この結果は、<u>同じ人の解答から導き出されたものです</u>

から、<u>当然互いに整合的なもの</u>でなければなりませんが、互いに正反対の結論が導かれてしまっており、矛盾しています！

このように矛盾した回答が得られる現象を、発見者の名にちなんで**アレのパラドックス**といいます。

なお、この結論は、効用関数$u(x)$がどのような関数であるかということは（$u(0)=0$以外には）何も仮定せずに導かれました。

つまり、効用関数がリスク回避的なものであろうとリスク中立的なものであろうと、はたまたリスク愛好的なものであろうと関係なく、くじAとDを選ぶという回答には矛盾が存在するということです。

■**矛盾の背景**

では、このように矛盾する回答がなぜ得られたのでしょうか？

もちろん、回答者が不注意だったとか、問題を勘違いしていたとか、矛盾した回答が得られる理由には様々なものが考えられます。

しかし、ここで強調しておきたいのは、この実験では、意思決定理論を推進してきた世界的に著名な学者たちも矛盾した回答をしたという事実です。また、同様の実験がこれまで世界中で実施されていますが、やはり同じような結果が再現されています。

したがって、このように矛盾した回答が得られる背景にあるものは、回答者のうっかりミスといった「人間的要因」ではなく、もっと別の原因があるではないか、と推測

されます。

　そこで、アレは逆転の発想をしました。つまり、<u>くじA</u>
<u>とDを選ぶというこの回答結果には矛盾がない</u>、と考え
たのです。

　アレの考え方を確かめるために、ここで実験7の結果を
もう一度整理してみましょう。

(1)　この実験の回答者は「ある判断基準＝理論」に従っ
　　てくじAとDを選んだはずである。その意味で回答
　　者の判断に矛盾はない。

と仮定します。しかし、実際には、

(2)　関係式1と2との間には、明白な数学的矛盾が存在
　　する。

という事実があります。

　それでは、この互いに矛盾する2つの主張（1）と（2）
を調和させる考え方はないでしょうか？

　アレは、（1）でいう実験回答者が従っている「ある判断
基準＝理論」が、<u>期待効用理論ではない</u>のではないか？
と考えたのです。

　つまり、回答者が期待効用理論に従っていると仮定して
2つのくじの期待効用を比較すると、（2）のように矛盾が
生じました。しかし、回答者が期待効用理論に従って選択
しているという前提が間違っていると考えれば、この矛盾
はなくなるでしょう。

　実際のところ、アレは以前から期待効用理論に疑問を抱
いていました。そこで、このように矛盾した結果が得られ

ることを予想した上で、意思決定理論に関する世界的な研究者を相手に実験を行い、まんまと一泡吹かせたのです。

　では、アレは期待効用理論のどのような点に疑問をもっていたのでしょうか？　次にそれを考えてみましょう。ただし、その前に議論の前提となる、「**期待効用理論の公理**」というものについて説明します。

■期待効用理論の公理

　期待効用理論は、第1章で見たように、ダニエル・ベルヌーイの研究に始まるわけですが、それを最初に体系的に整理したのは20世紀最大の万能数学者と呼ばれる**ジョン・フォン・ノイマン**でした。フォン・ノイマンは、経済学者オスカー・モルゲンシュテルンとの共著『ゲームの理論と経済行動』において、

　　くじAがくじBよりも好まれる

　　　　　　　　⇕

　　くじAの期待効用の方がくじBの期待効用よりも大きい

という関係が成立するための数学的条件を探し求め、それを「期待効用理論の公理」という形で特徴付けました。

　公理とは、数学の世界では、ある数学理論が成立するための土台となる基本的な法則性を意味します。

　例えば、皆さんが学生時代に習った幾何学においては、「平行な2本の直線は決して交わらない」という平行線の公理というものがありました。こうした公理に基づいて、数学の定理が証明されていきます。

　ちなみに、平行線の公理が成立するような幾何学の理論

は、それを『幾何学原論』という本の中で体系化した古代ギリシアのユークリッドにちなんでユークリッド幾何学といいます。ところが、平行線の公理とは反対に「平行な2本の直線が交わる」という公理を前提としても矛盾のない幾何学の理論（非ユークリッド幾何学）が成立することが19世紀になって知られるようになりました。

　このように、数学の世界では、異なる公理の下で矛盾のない理論がいくつも成立する可能性があるのです。そして、意思決定理論についても公理というものがあり、異なる公理の下で矛盾のない様々な理論を考えることが可能なのです。

　それでは、期待効用理論の公理について説明しましょう。フォン・ノイマンは、次の3つの公理が期待効用理論が成立するための必要十分条件であることを解明しました（正確には、フォン・ノイマンは独立性公理を暗黙的に使っており、後の研究者がそれを明示化しました）。

1. 順序公理
2. 連続性公理
3. 独立性公理

　やや抽象的になりますが、それぞれの公理の意味を説明します。

　まず、**順序公理**ですが、これは次のようなものです。いま、くじAとくじBを比較するという課題があったとすると、意思決定者は必ずくじAかB、どちらがより好ましいか決定できることが必要です。これを**完備性**といいます。

　また、くじAはくじBよりも好ましく、くじBはくじC

よりも好ましいというときに、その意思決定者はくじA
をくじCよりも好ましく感じるはずだということも必要で
す。これを**推移性**といいます。意思決定において完備性と
推移性の2つが成立することを要請しているのが順序公理
となります。

　次に、**連続性公理**とは、くじAはくじBよりも好まし
く、くじBはくじCよりも好ましいときに、好みの順番で
いえば真ん中になるくじBと同じ満足度になるように、く
じAとくじCとを組み合わせる確率pが必ず存在する、と
いうものです。つまり、確率pでくじAがもらえ、確率
$1-p$でくじCがもらえれば、意思決定者にとってはくじB
と無差別、つまり同じ価値になる、ということです。すな
わち、

　　くじAの満足度＞くじBの満足度＞くじCの満足度

が成立するとき、

　　くじBの満足度＝確率p×くじAの満足度
　　　　　　　　＋確率$(1-p)$×くじCの満足度

となるようなpが存在するということです。

　言い換えれば、連続性公理はこのように**2つのくじを合
成**することがいつでも可能であることを意味します。

■**独立性公理**

　最後に、**独立性公理**ですが、実はアレが疑問をもったの
は、この公理でした。

　独立性公理を簡単に説明すると、2つのくじAとBとを

比較した後、それぞれのくじに、共通のもう1つのくじC
をある確率で付け加えて合成しても、くじAとBとの比較
結果は変わらないということです。つまり、両方のくじに
付け加えた別のくじCは、意思決定には無関係（独立）で
あるということです。

　抽象的で少しわかりにくいと思いますので、実験7を例
にして具体的に説明しましょう。

　結論を先に言うと、実験7では、最初に比較したくじA
とBに、共通の別のくじをある確率で加えて合成したもの
が、次に比較したくじCとDになっていたのです。

　このことを確認するために、次のような3つのくじE、
F、Gを補助的に用います。

　　くじE：10/11の確率で5万円が得られるが、1/11の確
　　　　　　率で何も得られない
　　くじF：100%の確率で1万円が得られる
　　くじG：100%の確率で何も得られない

　その上で、次のようなくじαを考えてみましょう。

　くじαは、11%の確率で1万円が当たり、89%の確率で
くじFが当たります。くじの賞金がくじになっていると考
えるわけです。そこで、くじαは以下のように表せます。

　くじα

$$=\frac{11}{100}×1万円+\frac{89}{100}×くじF$$

$$=\frac{11}{100}×1万円+\frac{89}{100}×\left(\frac{100}{100}×1万円\right)$$

=1.0×1万円

計算の結果、くじαは、100%の確率で1万円が得られるくじなので、これは実験7のくじAと同じものだということがわかります。逆に表せば、

くじA＝11%の確率×1万円+**89%の確率×くじF**　……①

と書くこともできます。

次に、11%の確率でくじEが当たり、89%の確率でくじFが当たるという、くじβを考えてみます。

くじβ

$$=\frac{11}{100}\times くじE+\frac{89}{100}\times くじF$$

$$=\frac{11}{100}\times\left(\frac{10}{11}\times 5万円+\frac{1}{11}\times 0円\right)+\frac{89}{100}\times\left(\frac{100}{100}\times 1万円\right)$$

=0.1×5万円+0.89×1万円+0.01×0円

計算の結果、くじβは、10%の確率で5万円、89%の確率で1万円が得られるが、1%の確率で何も得られないというくじなので、これは実験7のくじBと同じものだということがわかります。

くじB＝11%の確率×くじE+**89%の確率×くじF**　……②

今度は11%の確率で1万円が当たり、89%の確率でくじGが当たるというくじγを考えてみます。

くじ γ

$= \dfrac{11}{100} \times 1万円 + \dfrac{89}{100} \times$ くじG

$= 0.11 \times 1万円$

11%の確率で1万円が得られるということは、このくじ γ は、くじCと同じものだということです。

くじC = 11%の確率×1万円 + **89%の確率×くじG** ……③

最後に、11%の確率でくじEが当たり、89%の確率でくじGが当たるというくじ δ を考えます。

くじ δ

$= \dfrac{11}{100} \times$ くじE $+ \dfrac{89}{100} \times$ くじG

$= \dfrac{10}{100} \times 5万円 + \dfrac{90}{100} \times 0円$

10%の確率で5万円が得られるが、90%の確率で何も得られないということは、このくじ δ は、くじDと同じものだということです。

くじD = 11%の確率×くじE + **89%の確率×くじG** ……④

さて、ここまでの結果①‐④をまとめたものが図2‐1です。

図2‐1において、まず、くじAとBとでは下線部が違いますが、後ろに足されている部分（くじF）は共通です。したがって、くじAとくじBのどちらを選ぶかは、下線部の異なる部分によって決まっているはずです。言い換

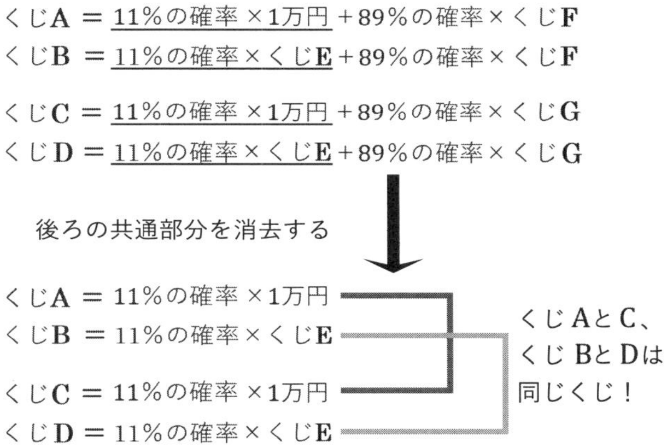

くじ**A** ＝ <u>11％の確率 ×1万円</u> ＋89％の確率×くじ**F**
くじ**B** ＝ <u>11％の確率×くじ**E**</u> ＋89％の確率×くじ**F**

くじ**C** ＝ <u>11％の確率 ×1万円</u> ＋89％の確率×くじ**G**
くじ**D** ＝ <u>11％の確率×くじ**E**</u> ＋89％の確率×くじ**G**

後ろの共通部分を消去する

くじ**A** ＝ 11％の確率 ×1万円
くじ**B** ＝ 11％の確率×くじ**E**

くじ**C** ＝ 11％の確率 ×1万円
くじ**D** ＝ 11％の確率×くじ**E**

くじ AとC、
くじ BとD は
同じくじ！

図2-1. 独立性公理の図解

えれば、後ろに足されている部分が共通であればそれは選択に無関係（独立）ということになります。

　同じく、くじCとDとでも下線部が違いますが、後ろに足されている部分（くじG）が共通ですので、やはり、くじCとくじDのどちらを選ぶかは、下線部によって決まるはずです。

　そこで、くじA、B、C、Dの後ろに付け加えられている部分（くじFおよびG）を無視すれば、くじAとC、くじBとDはそれぞれ全く同じものになります。その結果、くじAとBとの比較でAを選択した人は、くじCとDとの比較ではCを選択しないと矛盾していることになります。このような現象を**共通結果効果**といいます。

　少しややこしいかもしれませんが、これが期待効用理論における独立性公理の内容です。要するに独立性公理と

は、下線部のくじに共通のくじFを共通の割合で加えて合成してできたくじA・Bと、下線部のくじに共通のくじGを共通の割合で加えて合成してできたくじC・Dは、それぞれ同じものだとみなす、ということを意味し、下線部以外は無視していいということなのです。

したがって、独立性公理に矛盾しない選択は、くじAとC、またはくじBとDという選択になります。

しかし、すでに述べたように実験7では、少なからずこの独立性公理とは矛盾した選択をする人がいます。

アレは、このような選択をする実験参加者が間違っているのではなく、逆に、実験参加者の選択をうまく表現していない期待効用理論の独立性公理の方が間違っている、と考えました。

これは重要な発想の転換です。数学的に厳密に構築された理論と現実の人々の選択や行動との間に食い違いや矛盾が存在したとき、どちらを修正すべきか？　という問いに対して、アレは理論の方を修正すべきだと主張したのです。

それでは、どのようにして理論を修正するかをこれから考えていきたいと思います。

結論を先に言ってしまうと、期待効用理論の公理の中から独立性公理を取り払って、順序公理と連続性公理だけで新しい理論を構築すればよいとアレは考えました。このような考え方を取り入れた理論のひとつがプロスペクト理論なのです。

このプロスペクト理論について説明する前に、もうひとつ別の角度からアレのパラドックスを検討するために、次の実験8に取り組んでください。

2 期待効用理論のパラドックス2

　次に紹介する実験8は、実験7を変形したものになっています。ここでは、期待効用理論を前提にした選択において、もう一つ大きな矛盾が生じる場合があることを示したいと思います。これも重要な問題提起になりますので、第2章のテーマであるプロスペクト理論へと進む前に、取り組んでみてください。

実験8：アレのパラドックス（共通比率効果）

　以下のような2つのくじを比較してください。

くじA：　80％の確率で4万円が得られるが、20％の確率で何も得られない

くじB：　100％の確率で3万円が得られる

　この2つのくじのうちどちらかを無償で手に入れられるとしたら、どちらのくじが欲しいですか？　AかBかで答えてください。

　次に、以下の2つのくじCとDとを比較してください。

くじC：　20％の確率で4万円が得られるが、80％の確率で何も得られない

くじD：　25％の確率で3万円が得られるが、75％の確率で何も得られない

この２つのくじのうちどちらかを無償で手に入れられるとしたら、どちらのくじが欲しいですか？　ＣかＤかで答えてください。

解説

この実験8もアレが考案したものです。多くの人がくじＡとＢの比較ではＢを選び、くじＣとＤの選択ではＣを選ぶ傾向があります。皆さんの選択はどうだったでしょうか？

もし、あなたもくじＢとＣを選んでいたら、先ほどの実験7のときと同様に、その選択は期待効用理論とは整合的ではないのです。それを確かめてみましょう。

まず実験7と同様に、賞金額 x に対する効用を $u(x)$ とします。また賞金額が0円のときの効用は0、つまり、$u(0)=0$ とした上で、くじＡとＢの期待効用を求めてみましょう。

くじＡは、80%の確率で4万円が得られ、20%の確率で何も得られませんので、**くじＡの期待効用**は、

$$0.8×u(4万円)+0.2×u(0円)=0.8×u(4万円)$$

になります。

同様にくじＢの期待効用は次のようになります。

$$1.0×u(3万円)$$

さて、くじＡとＢとを比較してくじＢを選んだということは、言い換えれば、くじＢの期待効用がくじＡの期待効

用よりも大きかったということを意味します。したがって、

関係式1

くじBの期待効用＞くじAの期待効用

$1.0 \times u(3万円) > 0.8 \times u(4万円)$　……⑤

が成立しているということになります。

　今度は後半のくじCとDについて考えましょう。

　まず、くじCは20％の確率で4万円が得られるが、80％の確率で何も得られないというものでしたから、**くじCの期待効用**は、

$$0.2 \times u(4万円) + 0.8 \times u(0円) = 0.2 \times u(4万円)$$

になります。

　くじDは、25％の確率で3万円が得られるが、75％の確率で何も得られないというものでしたから、**くじDの期待効用**は、

$$0.25 \times u(3万円) + 0.75 \times u(0円) = 0.25 \times u(3万円)$$

になります。

　ここでも、くじCとDとの比較で、くじCを選んだということは、くじCの期待効用の方がくじDの期待効用よりも大きかったということを意味します。したがって、

関係式2

くじCの期待効用＞くじDの期待効用

$0.2 \times u(4万円) > 0.25 \times u(3万円)$　……⑥

が成立している、ということになります。

さて、こうして得られた関係式1と2について考えてみます。

まず、関係式2で得られた式⑥は、両辺を4倍しても式の意味は変わらないので、式⑥は式⑦のように表せます。

$$0.8×u(4万円)>1.0×u(3万円) \quad ……⑦$$

その上で、式⑤と⑦を比較してみます。

$$1.0×u(3万円)>0.8×u(4万円) \quad ……⑤$$
$$0.8×u(4万円)>1.0×u(3万円) \quad ……⑦$$

式⑤と式⑦は、ちょうど不等号の向きが逆になっており、数学的に矛盾していることがわかります。

なお、この結論は、やはり効用関数$u(x)$がどのような関数であるかということは（$u(0)=0$以外は）、何も仮定せずに導かれました。つまり効用関数が第1章で見たように、リスク回避的なものであろうとリスク中立的なものであろうと、はたまたリスク愛好的なものであろうと、実験8において<u>くじBとCを選ぶという回答には矛盾が存在する</u>ということなのです。この結果も「アレのパラドックス」と呼ばれています。

■共通比率効果

先ほどの実験7では、多くの人が、くじAとB、くじCとDにそれぞれ共通のあるくじを付け加えても期待効用の大小関係は変わらないという期待効用理論における独立性公理と矛盾するような選択をするということが示され、

このような現象を**共通結果効果**と呼びました。

　それに対して、この実験8では、くじCで4万円が得られる確率を4倍すればくじAが得られ、くじDで3万円が得られる確率を4倍すればくじBが得られるという関係になっています。つまり、くじCとDにおいて賞金を得る確率に<u>共通の倍数を掛けた</u>ものがくじAとBになっています。

　この場合もまた、期待効用理論における独立性公理に従えば、くじAとC、くじBとDはそれぞれ同じくじを表すことになるので、それぞれの比較でくじBとCを選ぶという選択は、独立性公理に矛盾することになります。このような現象は**共通比率効果**といいます。

　これもアレが発見したもので、共通結果効果と合わせて「**アレのパラドックス**」といいます。

　では、実験8において、くじAとC、あるいはくじBとDを選んだ人たち、つまり、期待効用理論に反する選択をしている人たちは「不合理で、愚か」なのでしょうか？

　そうではありません。実験7の解説でも述べたとおり、アレはこうした選択をする人が間違っているのではなくて、期待効用理論の方が間違っていると考えました。

　そこから期待効用理論を修正する理論が探究され、生み出されたものの1つが、カーネマンとトベルスキーの発案によるプロスペクト理論なのです。

■**期待効用理論の公理とプロスペクト理論**
　実験7の解説では、期待効用理論の基礎には順序公理、連続性公理、独立性公理という3つの公理があることを述

べました。これら3つの公理は、それぞれ意思決定者の合理的な判断のあり方を抽出したものだと考えることができます。意思決定者が3つの公理に従ってくじの優劣を決定しているならば、そのくじの優劣の関係と、それぞれのくじに対する期待効用の大小関係は一致する、というのがフォン・ノイマンが証明したことです。

ここで、確率pで賞金X円、確率$1-p$で賞金Y円が当たるくじにおいて、賞金額xに対する効用を$u(x)$とすると、期待効用は、

$$期待効用 = p \times u(X) + (1-p) \times u(Y)$$

というように、確率と効用の掛け算で表現できます。特に賞金額xの効用は、効用関数$u(x)$によって変換された値が用いられていますが、賞金が当たる確率$p, 1-p$はそのままの値で期待効用の計算に入れられていることに注目してください。

実験7や8で見たように、アレのパラドックスを示す選択をする意思決定者は、期待効用理論とは異なる原理、具体的にいえば、期待効用理論に関する3つの公理のうち、独立性公理を除いた2つの公理だけに従っている人だと考えることができます。

このように、独立性公理を排除して、順序公理と連続性公理だけを基礎にして意思決定を考える場合、期待効用の計算にあたっては、賞金額xについてはその効用$u(x)$を用いますが、賞金が当たる確率$p, 1-p$をそのまま計算に入れず、なんらかの形で変換して（ゆがませて）計算に入れていることになる、ということが証明できます。

この変換後の確率を $w(p)$, $w(1-p)$ と書くことにすると、アレのパラドックスを示すような人は、

$$期待効用＝w(p)×u(X)＋w(1-p)×u(Y)$$

という期待効用を基に考えているということになるのです。

このように、くじの賞金が当たる確率を変換する関数 w を**確率重み付け関数**といいます。この確率重み付け関数がプロスペクト理論の重要な基礎となります。

■確率重み付け関数

プロスペクト理論を生み出したカーネマンとトベルスキーは心理学者です。彼らは意思決定に関する数多くの実験を通じて、被験者の意思決定が、偶然や単純ミスではなく一定の規則性をもって期待効用理論の予測から逸脱することを指摘しました。そして、その原因と考えられる様々な心理学的な傾向性（バイアスといいます）を意思決定理論に取り入れ、**行動経済学**という分野を基礎付けたという業績で、カーネマンは2002年にノーベル経済学賞を授与されています。

すでに述べたように、カーネマンとトベルスキーが提唱したプロスペクト理論では、意思決定者は賞金が当たる確率 p をそのまま用いずに、それを確率重み付け関数 w によって変換したものを用いていると考えます。

カーネマンとトベルスキーが提案した確率重み付け関数は、以下のような関数で表されます。

$$w(p) = \frac{p^\gamma}{[p^\gamma + (1-p)^\gamma]^{1/\gamma}} \quad \cdots\cdots (1)$$

pは賞金が当たる確率です。またγは定数で、$0 \leq \gamma \leq 1$の範囲の値とします。この式（1）で$\gamma=1$の場合、

$$w(p) = \frac{p}{[p + (1-p)]} = p$$

となり、変換後の確率はもとの確率pのまま（つまり、期待効用理論と同じ）になることに注意してください。

例えば、式（1）の確率重み付け関数を用いて変換後の確率をグラフ化すると以下の図2-2のような形になります（破線）。比較のために、変換する前のもとの確率も描き入れています（実線）。

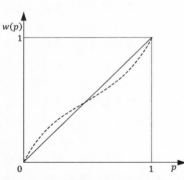

図2-2. 確率重み付け関数のグラフ

ここで、変換後の確率$w(p)$は、pの値が0に近い場合には、pよりも大きく、pの値が1に近い場合には、pよりも小さいという特徴があることに注目してください。

実は式（1）の確率重み付け関数は、このような特徴のあるグラフになるように選ばれたものだったのです。ですから、図2-2のようなグラフになるのであれば、他の関数でもよいのです。

さて、図2-2のグラフのふくらみ具合（傾き）を決め

確率重み付け関数の特徴

もとの確率pが 小さい値の場合	$\Rightarrow$	$w(p)$はpよりも 大きな値を取る
もとの確率pが 大きい値の場合	$\Rightarrow$	$w(p)$はpよりも 小さな値を取る

ているのが、式（1）のγという定数の値です。この値は、確率重み付け関数wによる変換後の確率$w(p)$がもとの確率pから離れている（ゆがみがある）程度を規定します。すでに述べたように、$\gamma=1$の場合は全くゆがみがなく、γの値が小さくなるにつれてゆがみが大きくなっていきます。このγの値が、人々の選択に違いを生んでいるのです。

　次ページの図2‐3は、様々なγの値に対して確率重み付け関数をグラフ化したものです。横軸はもとの確率pで縦軸は確率重み付け関数$w(p)$の値です。

　ただ、式（1）においては、γの値が0.3より小さな値の場合、賞金が当たる確率pの増加に対して$w(p)$が減少してしまう場合があります。これでは先ほど述べた確率重み付け関数の特徴を満たしておらず不都合なので、後に次のような関数形が別の研究者によって提案されています。

$$w(p) = \exp(-\alpha(-\ln p)^{\gamma})$$

　ここで、expは指数関数、lnは自然対数、$\alpha>0,\ \gamma>0$です。

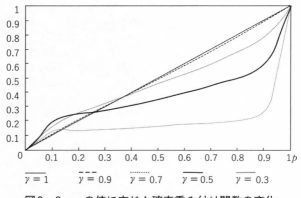

図2-3. γの値に応じた確率重み付け関数の変化

■アレのパラドックスの解消

　さて、ここまでで確率重み付け関数についてわかったところで、いよいよプロスペクト理論を用いてアレのパラドックスが解消されることを見ていきましょう。

　先ほど実験8では、くじAとBの比較ではBを選び、くじCとDの選択ではCを選ぶ傾向があるということから、以下の式⑤と⑥が得られることを確認しました。

$$1.0 \times u(3万円) > 0.8 \times u(4万円) \quad \cdots\cdots⑤$$
$$0.2 \times u(4万円) > 0.25 \times u(3万円) \quad \cdots\cdots⑥$$

　この2つの式を組み合わせると、

$$\frac{4}{5} = \frac{0.8}{1.0} < \frac{u(3万円)}{u(4万円)} < \frac{0.2}{0.25} = \frac{4}{5} \quad \cdots\cdots(2)$$

となり、矛盾します。

　この矛盾は、くじの期待効用の計算に賞金が当たる確率

をそのまま用いたために生じたものなので、確率に確率重み付け関数wによって変換した値$w(p)$を用いれば、この矛盾はなくなります。

　実際、式（2）の両辺の確率を確率重み付け関数wによって変換すると、

$$\frac{w(0.8)}{w(1.0)} < \frac{w(0.2)}{w(0.25)} \quad \cdots\cdots(3)$$

になり、この式に矛盾はないことを示すことができます。

　以下の図2‐4は、式（3）の左辺と右辺をそれぞれ破線と実線で示したものです。横軸は式（1）の確率重み付け関数におけるγの値です。この図からもわかるように、γの値が0から1まで、どの場合についても右辺の値の方が左辺の値より大きく、式（3）の関係が成立していることがわかります。

　こうして、プロスペクト理論によって、アレのパラドックスを矛盾なく説明できることがわかりました。つまり、実験8において期待効用理論から見れば矛盾した「愚かな」選択をしているように見えた選択も、プロスペクト理論における確率重み付け関数で考えれば、期待効用の大きいくじを選んでいるだけであって、何の矛盾もないということなのです。

　また、確率重み付け関数は、リスクのある状況において、人々は小さな確率を過大に評価し、大きな確率を過小に評価するという、確率の評価について客観的な値とは違う、ある程度ゆがんだ主観的評価をするということを表現しているものなのです。

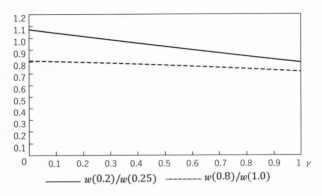

図2-4. 式（2）の左辺（破線）と右辺（実線）の関係

　例えば、飛行機事故が発生する確率は自動車事故が発生する確率よりもずっと低いものですが、飛行機に乗ることが怖いと感じる人は、客観的には低い飛行機事故の確率を過大評価していることになります。

　また、例えば、インフルエンザなどの感染症が流行している時期に手洗い・うがい、マスク着用などをしていない人は、自分だけは病気にかからないのだと過信して、客観的には高い感染確率を過小評価していることになります。

　さて、この実験8の解説では、プロスペクト理論を構成する2大要素である確率重み付け関数について説明しました。次の実験では、残りもう1つの要素である**価値関数**と、それに付随した**損失回避性**について説明します。

3　損失回避性

　実験8では、**プロスペクト理論**の構成要素のうち**確率重み付け関数**について紹介しました。この確率重み付け関数は、期待効用理論の前提となる3つの公理のうち、独立性公理を取り除くことで得られるものです。さらに、人がこうした確率重み付け関数によって、くじの賞金が当たる確率を評価していると考えると、アレのパラドックスは解消されるということもわかりしました。

　このプロスペクト理論には、もう一つ重要な構成要素があります。それが**価値関数**というものです。この価値関数には、**損失回避性**という心理的な法則性が加味されています。新しい言葉が出てきましたが、この価値関数と損失回避性の考え方を導入する前に、まず以下の実験9に取り組んでみてください。

実験9：損失回避性の測定

　　以下の一連のくじの内容を順番に確認してください。

　くじ1：　50%の確率で200円を失うが、50%の確率で600円を得る
　くじ2：　50%の確率で300円を失うが、50%の確率で600円を得る
　くじ3：　50%の確率で400円を失うが、50%の確率で600円を得る

くじ4： 50％の確率で500円を失うが、50％の確率
で600円を得る

くじ5： 50％の確率で600円を失うが、50％の確率
で600円を得る

くじ6： 50％の確率で700円を失うが、50％の確率
で600円を得る

　それでは、くじ1から順番に考えて、それぞれのくじを
実際に「引く」か「引かない」かを答えてください。

　なお、回答終了後に、実際に「引く」を選んだくじの中
から1つをランダムに選んで、そのくじの結果をあなたが
得る、あるいは失うことになるのだと考えてください。もし、
どのくじも「引かない」選択をした場合は賞金0円です。

解説

　この実験は、プロスペクト理論の構成要素の中でも、発
案者であるカーネマンとトベルスキーが最も重要なものと
考えていた**損失回避性**（loss aversion）を測定するもので
す。

　損失回避性とは、同じ金額x円だとしてもそれを失った
場合（**損失局面**）での後悔の念（感情）の強さ、つまりマ
イナスの効用$u(-x)$は、それを得た場合（**利益局面**）での
喜びの感情の強さ、つまりプラスの効用$u(x)$よりも大き
いという心理的傾向性を表すものです。

　例えば、500円を失ったときの後悔の強さは、500円を

得た場合の喜びより小さいということです。

■タクシー・ドライバーの例

　ここで注意しなければいけないことがあります。その状況において何が損失で何が利益なのかという判断は、意思決定の時点でその人の**参照点（reference point）が何かによって変わる**とされていることです。また見慣れない言葉が出てきましたが、参照点とは、その人が損失でも利益でもないと考える金額だと考えてください。そのため、それは必ずしも0円とは限りません。

　例えば、歩合制の給与で働いている人（タクシー・ドライバーなど）は、毎日ある決まった額の売り上げを実現することを目標にしていることが多いようです。

　もし売り上げの20%が自分の給与になる場合、1日1万円の給与が欲しい労働者は、1日あたり5万円の売り上げを実現すれば目標を達成できます。この場合、1日5万円の売り上げ（あるいは1日1万円の給与）がこの人にとっての参照点になると考えられます。

　もちろん、日によって5万円以上の売り上げが実現することもあれば、これ以下の売り上げしか得られない場合もあるでしょう。この場合、もしこのタクシー・ドライバーに損失回避性の傾向があるなら、目標の5万円よりも多い売り上げよりも少ない売り上げの方を重く見ることになります。例えば、その日の売り上げが目標額より5%多い52500円だったことよりも、目標額より5%少ない47500円だったことを重く見るということです。

　したがって、損失回避的な人は、定時の終業時刻が過ぎ

ても売り上げが目標を下回っている場合には、目標達成するまでは働き続けるのに対し、終業時刻が来る前に売り上げが目標を達成できれば、早々とその日の仕事を終えてしまう可能性があると考えられます。実際、ニューヨークのタクシー・ドライバーの行動を調べた研究では、こうした損失回避的な行動が確かめられています。

■価値関数と損失回避性

さて、カーネマンとトベルスキーは、参照点を基準にして利益が出る場合と損失が出る場合とで異なる形状の効用関数を考えるべきだと主張しました。彼らはそれを**価値関数**（value function）と呼んでいます。

それでは、この価値関数がどのように表されるものなのかを考えてみましょう。ここでは簡単化のために0円を参照点と考えることにします（参照点が0円でない場合、関数全体を平行移動して0を原点にすることができます）。

まず、賞金額xに対する価値関数を$v(x)$とすると、価値関数は次のように定義されます。

$$v(x) = \begin{cases} x^\alpha & if \quad x > 0 \\ -\lambda(-x)^\beta & if \quad x < 0 \end{cases} \quad \cdots\cdots (4)$$

ここで、α, β, λ は定数で、$\alpha > 0$かつ$\beta > 0$であり、$\lambda \geq 1$です。また、賞金額xが参照点の場合は$v(0) = 0$となります。

式（4）において、$x > 0$（利益を得る）の場合は、実験5で導入した相対的リスク回避度一定の効用関数と同じ形の関数になっています。

$x<0$（損失を受ける）の場合は、まずxにマイナスを掛けてから、$x>0$の場合とは異なる相対的リスク回避度βをもつ関数として定義されています。さらに、その場合の効用は$-\lambda$倍されているので、絶対値で見ると同じ賞金額xでも、損失を受ける場合の方が利益を得る場合よりも効用の値の変化が大きくなるようになっています。

つまり、x円の利益で感じる効用よりも同じx円の損失で感じる負の効用の方が大きいということです。このように、価値関数ではλの値がその人の損失回避性の程度を表すことになります。この値のことを**損失回避度**といいます。

■損失回避度の測定

さて、この実験9では、50％の確率で600円を得ることに対して、50％の確率で失う金額が少しずつ異なるくじを実際に引いてみるかどうかを質問しています。その上で、どのくじで引く、引かないの選択がスイッチするかを見ようとしています。

まず、このくじを**期待値（リスク中立性）**で考えれば、「くじ5」までは期待値は0以上で「くじ6」からは期待値がマイナスになるので、ここからくじを引かないという選択にスイッチすることになります。

「くじ5」や「くじ4」でも引かないという選択をした人は、**リスク回避的**であるか、ここでいう損失回避的な人だということになります。

しかし、これまでの研究では、この実験9のような比較的少額のギャンブルにおいては、リスク回避性を仮定するとおかしな現象が発生することがわかっています。そのた

め、リスクに対する態度については、人はみなリスク中立
的であると仮定した方がよいとされています（P152　コ
ラム2「リスク回避性のパラドックス」参照）。

　そこで、式（4）の価値関数を、リスク中立性を仮定し
た形状に変更することにしてみましょう。

　リスク中立的な人の効用関数は$v(x)=x$でしたから、先
ほどの価値関数を表す式（4）は、次の式（5）のように変
形されます（式（4）で$\alpha=\beta=1$とした場合になります）。

$$v(x)=\begin{cases} x & if \quad x>0 \\ -\lambda x & if \quad x<0 \end{cases} \quad \cdots\cdots(5)$$

　ただし、損失局面（$x<0$）においては、賞金xに対する
効用がλ倍されていることからわかるように、損失回避
性はこの場合も考慮されています。

　つまり、「くじ5」や「くじ4」でも引かないという選択
をした人は、リスク回避的である可能性はすでに排除され
ているので、損失回避的な人だと考えることができます。

　さて、この式（5）をグラフ化したのが次ページの図2-5
です。横軸は賞金額x、縦軸は式（5）の価値関数の値$v(x)$
になります。

　ここではリスク中立性を仮定しているので、価値関数は
直線ですが、右側の利益局面（$x>0$）よりも左側の損失局面
（$x<0$）の方が、損失回避性を表すλの分だけ、価値関数の
直線の傾きが大きい（傾きが急である）ことがわかりま
す。

　例えば、200円を得たときの効用$v(200)$と、200円を失
ったときの効用$v(-200)$の値を絶対値で比較すると

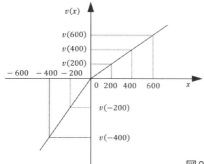

図2-5. 価値関数のグラフ

$v(-200)$の方が値が大きくなっています。

　さて、いよいよ損失回避度の測定について説明しましょう。

　実験9で例えば、「くじ4」は引くが「くじ5」以降は引かないという選択をした人は、くじを引くことと引かないこととが無差別になる境界線が、「くじ4」と「くじ5」との間に位置する人だということになります。

　仮に、この人にとって「くじ4」がちょうどその境界線上にあったとします。ちなみに、くじ4は50%の確率で500円を失うが、50%の確率で600円を得るというものでした。このとき、600円を得る確率と500円失う確率は、プロスペクト理論に従えば、50%の確率そのものではなくて、それぞれ確率重み付け関数wによって変換された（ゆがんだ）確率になります。

　一般的には、利益局面での確率評価と損失局面での確率評価は異なるという研究結果がありますので、利益局面での確率重み付け関数を$w^+(p)$、損失局面での確率重み付け関数を$w^-(p)$と別々の関数として表します。

そのため、50%の確率は利益局面および損失局面でそれぞれ $w^+(0.5)$, $w^-(0.5)$ となります。これらをふまえて「くじ4」を引く場合の期待効用を表すと、

$$w^+(0.5) \times v(600) + w^-(0.5) \times v(-500)$$

となります。このとき、くじを引かなければ賞金は100%の確率で0円ですから、その期待効用は、

$$v(0) = 0$$

となります。このとき、「くじ4」を引くことと引かないことが無差別だと仮定したので、この2つの期待効用は等しいはずです。したがって、

$$w^+(0.5) \times v(600) + w^-(0.5) \times v(-500) = 0 \quad \cdots\cdots(6)$$

となり、この式（6）がこの損失回避性を測定する際の基本となる関係式となります。

　いま、簡単化のため、確率重み付け関数の値を期待効用理論の場合と同じように、$w^+(0.5) = w^-(0.5) = 0.5$ だとしてみましょう（先行研究でも、このように仮定して大きな問題はないとしています）。式（5）の価値関数 v を式（6）に当てはめると、

$$0.5 \times 600 + 0.5 \times \lambda \times (-500) = 0$$

となり、これから損失回避度を表す λ の値は、

$$\lambda = 1.2$$

と求まります。

　一般には、確率 p で G 円を得て確率 $1-p$ で L 円を失うくじを引くことと引かないこととが無差別ならば、

$$w^{+}(0.5)\times v(G)+w^{-}(0.5)\times v(-L)=0$$

という関係式が得られます。

　ここに、先ほどのように確率重み付け関数は期待効用理論の場合と同じく $w^{+}(0.5)=w^{-}(0.5)=0.5$ だと仮定し、価値関数については式（5）を当てはめると、損失回避度を表す λ の値について、

$$損失回避度：\quad \lambda=\frac{G}{L}$$

という「公式」が得られます。

　この式に、くじを引くことと引かないことが無差別になるようなくじで得られる賞金額 G と失う賞金額 L の絶対値を当てはめればよいのです。

　今度は、くじ5において「引く」ことと「引かない」ことが無差別になる場合を考えてみましょう。

　くじ5は50%の確率で $G=600$ 円を得て、50%の確率で $L=600$ 円を失うので、先の「公式」に当てはめると損失回避度は $\lambda=600/600=1$ となります。

　したがって、実験9で「くじ4」までは引くが「くじ5」以降は引かないという選択をした人の損失回避度は、$\lambda=1$ と $\lambda=1.2$ の中間のどこかにあるということになります。

　なお、実験では賞金額が200円、300円、……と100円刻みでしたので、損失回避度を一定の範囲でしか特定できませんが、この刻み幅を10円刻み、1円刻みとより細かくすれば、くじを「引く」ことと「引かない」こととがちょ

うど無差別になるくじを特定できるようになり、損失回避度を表す λ の値をより正確に測定することができます。

　先ほどの例のように、最初に「引かない」にスイッチしたくじ番号から、先ほどの公式を用いて損失回避が取りうる範囲を計算したのが表2-1になります。この表2-1を使って、皆さんの損失回避度を測定してみてください。

表2-1. 損失回避度の判定

最初に「引かない」に スイッチしたくじ番号	損失回避度 λ
1	$3.0 < \lambda$
2	$2.0 < \lambda \leq 3.0$
3	$1.5 < \lambda \leq 2.0$
4	$1.2 < \lambda \leq 1.5$
5	$1.0 < \lambda \leq 1.2$
6	$\lambda \leq 1.0$

■タイガー・ウッズの損失回避性

　この損失回避性は、先ほどのタクシー・ドライバーの例の他にも、様々な現象の説明に用いられています。

　有名なのは、**保有効果**（endowment effect、賦存効果ともいいます）と呼ばれるものです。これは、同じ商品を新規に手に入れる場合（利益）よりも、すでに手にしているものを手放す場合（損失）の方が価値を高く評価してしまう傾向性のことをいいます。カーネマンらが行った初期の実験では、大学生に大学のロゴ入りのマグカップを、

(1) 買い取るように指示した場合

(2) 無償で与えたうえでそれを売るように指示した場合

それぞれでの価格を比較しました。すると、後者の方が高い金額になったという結果が知られています。つまり、一度手に入れたものの方が高く評価されたのです。

また、最近では、タイガー・ウッズをはじめとするプロ・ゴルファーの行動も損失回避性で説明できるという研究もあります。ゴルフでは1ラウンドにつき18ホールを巡って、ラウンドが終了するまでの打数の少なさを競います。このとき、各ホールにおいて、自分のボールがカップ近くまで迫ったとき、1打でカップインを目指すか、それとも慎重に2打かけてカップインするかの選択は、プロにとっても悩ましいところです。打数の少ない方がトーナメントの順位、すなわち賞金額が大きくなりますが、1打で決めようとすれば失敗するリスクもあります。したがって損失回避的なプレーヤーは、慎重に2打をかけてカップインすることを選ぶはずです。こうした仮説の下、プロ・ゴルフ・トーナメントのデータを調べたところ、プロでも損失回避性を示すという結果が得られたのです。タイガー・ウッズのプレーを見たことがある人は、彼の積極的なプレーからは想像できないかもしれませんが、データは彼もまた損失回避的であるということを示しているのです。

4 価値関数の形状

　先ほどの実験9では、**プロスペクト理論**の基礎となる価値関数の形状を決めるのに重要な**損失回避度**を測定しました。そのとき**参照点**を基準として、利益が出たと考えられる金額と損失が出たと考えられる金額とでは、同じ金額でも、損失の方が利益よりも重く評価されますが、その程度を表すのが損失回避度でした。

　また実験9の解説では、損失回避度を測定するにあたり、価値関数の形状は直線（線形）だと仮定していました。賞金額が少額の場合は、リスク中立性を仮定することが妥当ですので、この価値関数を使っても問題はありません。しかし、より一般的な状況で考える場合には、価値関数の形状が直線であると決めつけるわけにはいきません。

　そこで、次の実験10では、価値関数の形状によらずに損失回避度を測定することにします。なお、実験9のように、特定の関数形を仮定して実験データからその関数の形状を決める数値（**パラメータ**といいます）を求めていく手法を**パラメトリック**な手法といいますが、実験10では特定の関数形を仮定しない手法ですので**ノンパラメトリック**な手法と呼ばれます。

　実は、効用関数や価値関数といった意思決定理論における重要な要素を測定するために、ノンパラメトリックな手法が開発されたのは比較的最近のことです。ノンパラメトリックな手法は、パラメトリックな手法のように特定の関数形に依存した手法ではないので、それだけ信頼性が高い

（**頑健**であるといいます）手法だといえるでしょう。

　ノンパラメトリックな手法というと、なにやら難しいことをするように思う読者もいるかもしれませんが、これまで取り組んできた実験とさほど異なることはありません。

　ただし、次の実験10では、利益局面と損失局面の両方での価値関数を測定した上で損失回避度を決定しますので、設問の数がこれまでの実験よりも多くなります。その分、回答は面倒ですが、1つひとつは簡単な問いですので心配しないでください。また、先に答えた値を後の問いに用いますので、やや混乱しやすいかもしれません。この実験はScratchのプログラムで行うのが簡単で間違いがないと思います。

　なお、この実験10では、皆さんにとって2つのくじの価値が等しくなるような賞金額が尋ねられます。したがって、その回答は1人ひとり違います。これまでの実験でもそうですが、本書で取り組む実験は、ほとんどの場合、唯一の数学的な正解があるというわけではありません。

　皆さんの価値関数を測定することが目的ですので、「自分だったらこれくらいの賞金額でないと、2つのくじを等価だとは思えない」という値を正直に答えてください。

　言い換えると、2つのくじのどちらを手に入れても同じ価値（効用）が得られるように、つまりは2つのくじを誰かと交換しても損も得も感じないように賞金額を設定すればよいでしょう。

　それでは、実験10に取り組んでください。

実験10：価値関数の測定

　以下の15組のくじLとくじRとの組み合わせをそれぞれ上から順番に見ていき、組番号別に比較してください。なお、どの組番号のくじLとくじRについても50%の確率で2つの賞金額のどちらかが当たります。

　ここでの課題は、それぞれの組番号でくじLとくじRとを比較して、この2つのくじがあなたにとって同等の価値となるようにくじLの空欄に入るべき賞金額を決めることです。

　例えば、組番号1では、くじRでは50%の確率で1000円、50%の確率で640円が当たりますが、これに対してくじLでは50%の確率でx_1円、50%の確率で120円が当たります。このくじLとRとがあなたにとって同じ価値になるためにはx_1はいくらであるべきかを答えてください。

　また、組番号7から賞金額がマイナスになります。これは、そのくじを引くとその金額を失うということを意味します。

　なお、先に記入したくじLの空欄内の数値が後のくじRに用いられていることに注意してください。例えば、組番号1で記入したくじLのx_1の値は、組番号2のくじRに使用されています。その場合、$x_1{}^*$のように「*」という印を付けています。そこで、「*」が付いていない箇所の数値の記入が終わるたびに、その値を後で使用される「*」が付いた欄に転記してください。

組番号	くじL		くじR	
	50%	50%	50%	50%
1	$x_1=$	120	$x_0=1000$	640
2	$x_2=$	120	$x_1{}^*=$	640
3	$x_3=$	120	$x_2{}^*=$	640
4	$x_4=$	120	$x_3{}^*=$	640
5	$x_5=$	120	$x_4{}^*=$	640
6	$x_6=$	120	$x_5{}^*=$	640
7	$y_1=$	-60	$y_0=-500$	-320
8	$y_2=$	-60	$y_1{}^*=$	-320
9	$y_3=$	-60	$y_2{}^*=$	-320
10	$y_4=$	-60	$y_3{}^*=$	-320
11	$y_5=$	-60	$y_4{}^*=$	-320
12	$y_6=$	-60	$y_5{}^*=$	-320
13	$A=$	0	$x_1{}^*=$	$x_0=1000$
14	0	$B=$	$y_0=-500$	$y_1{}^*=$
15	$C=$	$y_1{}^*=$	$x_0=1000$	$y_0=-500$

解説

　この実験は、プロスペクト理論における価値関数を測定するものです。くじの組番号が1から6までが賞金を獲得することができる利益局面での、組番号が7から12までは賞金を失ってしまう損失局面での価値関数の形状を決定するために利用されます。さらに、組番号13から15までは、損失回避度を測定するために用いられます。

　これらに対する回答x_1-x_6、y_1-y_6、およびA-Cを用いて

価値関数と損失回避度を測定する手順の解説は、1つひと
つは難しいものではないですが、全体としてはかなり長い
ステップが必要になります。そこで、フリーの統計ソフト
Rでこれらを計算するプログラムを作成しました。自分自
身の回答から自分の価値関数がどのようになっており、ま
た損失回避度がいくらになるかを手っ取り早く知りたい読
者の皆さんは、上記のプログラムの使い方を記したこの後
の解説だけをお読みいただければと思います。

　また、なぜ実験10によって価値関数や損失回避度が測
定できるのかに関心がある人は、特設サイトの第2章補論
Aに詳細を記しましたのでそちらをご覧ください。

　それでは、具体的な回答の数値を用いてプロスペクト理
論の価値関数を求めてみましょう。

　そのためのデータには、以下の表2-2を例に用いま
す。これらの数値は実際に実験10に参加した被験者の回
答の平均値になります。

表2-2. 実験10のデータ例

x_0	1000	y_0	−500	A	3970
x_1	1984	y_1	−849	B	−1522
x_2	2975	y_2	−1242	C	1833
x_3	4017	y_3	−1663	$w^+(0.5)$	0.4540
x_4	5093	y_4	−2073	$w^-(0.5)$	0.4206
x_5	6179	y_5	−2488	$u(x_6)$	1
x_6	7310	y_6	−2910	$u(0)$	0

　なお、この表2-2の数値のうち白色の部分の値x_1から

x_6、y_1からy_6、およびAからCまでが、実際の被験者の回答になります。皆さん自身の価値関数を測定する場合は、この部分を自分の回答と入れ替えてください。

表2‐2の灰色の部分、つまり、x_0、y_0、$w^+(0.5)$、$w^-(0.5)$、$u(x_6)$、$u(0)$の値は、あらかじめ定まった数値です。こちらは変更せず、これらの値をそのまま使ってください。

具体的には、まずx_0とy_0は、価値関数のグラフの横軸である賞金額の初期値（基準値）です。

次に、$u(0)$と$u(x_6)$の値は価値関数のグラフの縦軸である賞金額に対する効用の初期値（基準値）です。

最後に、$w^+(0.5)$と$w^-(0.5)$は、50％の確率に対する確率重み付け関数の値です。$w^+(0.5)$は利益を得る場合の、つまり、利益局面での確率重み付け関数の値で、$w^-(0.5)$は損失が発生する場合の、つまり、損失局面での確率重み付け関数の値となります。表2‐2のそれぞれの数値は、プロスペクト理論の創始者であるカーネマンとトベルスキーが実験結果から推定した典型的な被験者にとっての値になります。なお、この確率重み付け関数の値については、期待効用理論を仮定した場合の

$$w^+(0.5) = w^-(0.5) = 0.5$$

という値を用いてもよいと思います。

さて、いよいよ統計ソフトRを使って、プロスペクト理論の価値関数を測定してみましょう。Rを使ったことがない人にもわかるように詳しく解説していますので、説明に従って操作をしてください。

まず、Rを起動すると次のような画面になります（図

2‑6)。ここでは、RStudioという環境を使用しています。

図2‑6. RStudioの起動画面

　次に、実験10で皆さんの回答した値を入力します。以下の説明では表2‑2のデータを例にしています。

　最初に、xというベクトルに、$x_0, x_1, \cdots, x_6$の値を左から順に次のように入力します。

```
x<-c(1000,1984,2975,4017,5093,6179,7310)
```

　なお、c()はカッコ内の数値をベクトルにするというコマンドで、<‑は右側の値を左側の変数に代入するという操作を意味します。

　次に、yというベクトルに、$y_0, y_1, \cdots, y_6$の値を左から順に次のように入力します。

```
y<-c(-500,-849,-1242,-1663,-2073,-2488,-2910)
```

　zというベクトルには、A, B, Cの値を左から順に次のように入力します。

```
z<-c(3970,-1522,1833)
```

　利益局面および損失局面における確率重み付け関数の値 $w^+(0.5)$ および $w^-(0.5)$ については、wというベクトルに左から順に次のように入力します。

```
w<-c(0.4540,0.4206)
```

　もし、期待効用理論を仮定した場合の

$$w^+(0.5)=w^-(0.5)=0.5$$

という値を使用したい場合は、

```
w<-c(0.5,0.5)
```

とします。

　これで、実験データの入力は完了です（$u(0)$ と $u(x_6)$ の値は以下の計算プログラム内に組み込まれています）。データ入力を完了すると、次ページの図2-7のようになります。右上の小ウィンドウに入力した値が表示されているのがわかります。

図2-7. データ入力完了時の画面

この後は以下の「プロスペクト理論の価値関数計算プログラム」をそのままRにコピー・ペーストしてEnterキーを押せば、プロスペクト理論の価値関数の測定結果を得ることができます。また、このプログラムは、特設サイトからもダウンロードできます。

■プロスペクト理論の価値関数計算プログラム

```
fa <- function(x,A){
    i <- 1
    while(A > x[i]){
        i <- i+1
    }
    return (c(i-2,(A-x[i-1])/(x[i]-x[i-1])))
}
a <- c()
a <- fa(x,z[1])

D <- 1/(6+(w[1]/(1-w[1]))*((a[1]-1)+a[2]))
```

```
ux <- c()
ux[1] <- (w[1]/(1-w[1]))*((a[1]-1)+a[2])*D
ux[2] <- ux[1]+D
ux[3] <- ux[2]+D
ux[4] <- ux[3]+D
ux[5] <- ux[4]+D
ux[6] <- ux[5]+D
ux[7] <- 1

fc <- function(x,CC){
    i <- 1
    while(CC > x[i]){
        i <- i+1
    }
    return (c(i-2,(CC-x[i-1])/(x[i]-x[i-1])))
}
cc <- c()
cc <- fc(x,z[3])

E <- w[1]/(1-w[2])*cc[2]*D

fb <- function(y,B){
    i <- 1
    while(B < y[i]){
        i <- i+1
    }
    return (c(i-2,(B-y[i-1])/(y[i]-y[i-1])))
}
b <- c()
b <- fb(y,z[2])

uy <- c()
uy[1] <- -((1-w[2])/w[2])*((b[1]-1)+b[2])*E
```

```
uy[2] <- uy[1]-E
uy[3] <- uy[2]-E
uy[4] <- uy[3]-E
uy[5] <- uy[4]-E
uy[6] <- uy[5]-E
uy[7] <- uy[6]-E
u0 <- 0

xy <- c(y[7],y[6],y[5],y[4],y[3],y[2],y[1],0,x[1
],x[2],x[3],x[4],x[5],x[6],x[7])
uxy <- c(uy[7],uy[6],uy[5],uy[4],uy[3],uy[2],uy[
1],u0,ux[1],ux[2],ux[3],ux[4],ux[5],ux[6],ux[7])

lambda <- (uy[1]/ux[1])*(x[1]/y[1])

cat("lambda =",lambda)

for(i in 1:15){
    cat(xy[i],"¥t")
    cat(uxy[i], "¥n")
}

plot(xy,uxy)
lines(xy,uxy)

dx <- 0
dy <- 0
for(i in 1:7){
    dx <- dx + (ux[i]-x[i]/x[7])
    dy <- dy + (uy[i]-y[i]/y[7])
}
cat("benefit:¥t",dx)
cat("loss:¥t",dy)
```

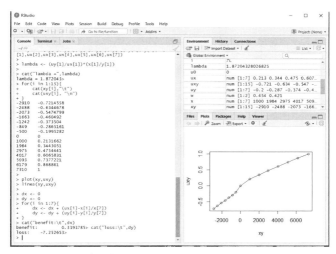

図2‑8.　計算プログラムの実行結果

　実際に、先ほどの計算プログラムを実行してみた結果が図2‑8になります。画面の右上には計算の結果や、さらに多くの変数の値が表示されています。

　この中で、「lambda」という変数が損失回避度 λ の値になります。この数値例の場合、

$$\lambda = 1.872$$

という値が求められています。参考までに、確率重み付け関数の値が期待効用理論に従う場合、つまり、

$$w^{+}(0.5) = w^{-}(0.5) = 0.5$$

のときの損失回避度 λ の値は、

$$\lambda = 1.4421$$

となり、若干損失回避度は低くなりますが、λが1よりも大きいので、損失回避性は無視できないことがわかります。

　画面の右下には価値関数のグラフが描かれていますが、このままではやや見づらいので、Excelなどの表計算ソフトで扱えるように計算結果の数値を取り出すとよいと思います。

　実際、価値関数のグラフを描くためには、賞金額$x_0, x_1, \cdots, x_6$および$y_0, y_1, \cdots, y_6$に対する効用の値$u(x_0), u(x_1), \cdots, u(x_6)$および$u(y_0), u(y_1), \cdots, u(y_6)$を知らなければなりません。これらの値はそれぞれux, uyという変数に収められています。そこで、Rに次のコマンドを入力してください。

```
>ux
[1] 0.2131662 0.3443051 0.4754441 0.6065831 0.7377221
[6] 0.8688610 1.0000000
>uy
[1] -0.1995282 -0.2865161 -0.3735040 -0.4604920
[5] -0.5474799 -0.6344678 -0.7214558
```

　コマンドの後に表示された6つの値がそれぞれの効用の値になります。これらを表にまとめたのが次ページの表2-3になります。

　さらに、表2-3の数値を基にExcelで価値関数をグラフ化したのが138ページの図2-9になります。横軸は賞金額、縦軸は価値関数の値です。

表2 - 3.　実験10のデータ例から求めた価値関数の値

x_6	7310	$u(x_6)$	1
x_5	6179	$u(x_5)$	0.8689
x_4	5093	$u(x_4)$	0.7377
x_3	4017	$u(x_3)$	0.6066
x_2	2975	$u(x_2)$	0.4754
x_1	1984	$u(x_1)$	0.3443
x_0	1000	$u(x_0)$	0.2132
0	0	$u(0)$	0
y_0	−500	$u(y_0)$	−0.1995
y_1	−849	$u(y_1)$	−0.2865
y_2	−1242	$u(y_2)$	−0.3735
y_3	−1663	$u(y_3)$	−0.4604
y_4	−2072	$u(y_4)$	−0.5474
y_5	−2488	$u(y_5)$	−0.6344
y_6	−2910	$u(y_6)$	−0.7214

　図2 - 9には確率重み付け関数の値が期待効用理論の場合、つまり、

$$w^+(0.5)=w^-(0.5)=0.5$$

とした結果も同時にグラフ化しています。わずかではありますが、期待効用理論を仮定した場合の方が、利益局面でも損失局面でも効用関数の傾きが大きくなっています。

　これらのグラフを見ると、推定された価値関数は、利益局面では横軸から見て上側に膨らんだ（上に凸の）、損失

局面では横軸から見て下側に向かって膨らんだ（下に凸の）形状をしていることがわかります。また、関数の傾きは利益局面よりも損失局面の方が大きく、損失回避的な傾向があることがわかります。

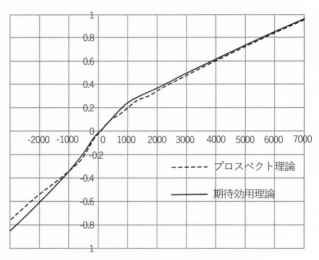

図2-9. 実験10のデータ例に対する価値関数

　以上のような手順で、実験10の回答から皆さんの価値関数や損失回避度を測定することができます。

　実験9では、価値関数が直線であると仮定して、そこから損失回避度を求めるという**パラメトリック**な手法でしたが、実験10では、価値関数の形状に関して、それが直線であるとか平方根であるとか、そうしたものは一切仮定しない**ノンパラメトリック**な手法になっています。

　そういう意味で、実験10の手法の方が実験9よりも適用範囲も広く、より信頼のおける手法だといえるでしょう。
　また、この解説で紹介したプログラムがどのような計算をしているのかについては、プログラムに詳しくコメントを付けた資料を本書の特設サイト第2章の補論Bに記してありますので、それを閲覧してください。

第2章のまとめ

　この第2章では、期待効用理論にまつわるいくつかのパラドックスを指摘することから始めて、こうした問題点を解消するために、心理学者のダニエル・カーネマンとエイモス・トベルスキーによって提案された**プロスペクト理論**について実験を通じて学んできました。それぞれの実験によってどのようなことがわかったのか、もう一度整理してみましょう。

　まず**実験6**では、期待効用理論が生み出されるきっかけとなった「**サンクトペテルブルクのパラドックス**」を再度取り上げました。実験1でもこの問題を取り扱ったのですが、実験6では最初に表が出たときに受け取る賞金額が少し変えてあります。しかし、公平なコイン1つを表が出るまで投げ続け、初めて表が出るまでの回数に従って賞金額が変わるというゲームの参加権に値段を付けるというところは同じです。そして、このゲームの賞金の数学的期待値は無限大であるにもかかわらず、わたしたちの直観的判断では高々有限の値の賞金しか見込めないという「パラドックス」が生じます。しかも、このゲームの**期待効用**を考えてもそれは無限大に発散するので、期待効用理論によってもこのパラドックスは解消されないのです。

　さらに、**実験7**と**実験8**では、有名な「アレのパラドックス」を取り上げました。ここで重要になるのが、期待効用理論の基礎となる3つの公理です。それは、くじの比較における首尾一貫した（つまり、完備性と推移性を満た

す）選択を要請する**順序公理**、いつでも2つのくじを合成してもう1つ別のくじを生み出せることを保証する**連続性公理**、そして2つのくじに共通の別のくじを合成しても、元の2つのくじに対する選好は変化しないことを要請する**独立性公理**の3つでした。

　期待効用理論を体系化した数学者のフォン・ノイマンは、これら3つの公理に従った選択をする人は期待効用が最大になるようなくじを選択し、また逆に、期待効用が最大になるようなくじを選択をする人はこの3つの公理に合致する選択をするということを証明しました。つまり、これら3つの公理に従って選択をするということと、期待効用を最大にする選択をするということは数学的には同値になるということです。期待効用理論はこうした理論的基礎の上に構築されているのでした。

　しかし、アレが指摘したように、実験7と実験8に直面した少なくない人々は、**独立性公理**と矛盾するような選択をしてしまうのです。

　そこで、問題のある独立性公理を排除し、順序公理と連続性公理だけで構築された意思決定理論として、カーネマンとトベルスキーによって提案されたのがプロスペクト理論なのです。

　プロスペクト理論は、**確率重み付け関数**と損失回避性を伴う**価値関数**という2つの関数に特徴があります。

　期待効用理論の場合、賞金が当たる確率pはそのまま期待効用の計算に入りますが、プロスペクト理論の場合、確率pは確率重み付け関数wというもので変換された値$w(p)$が期待効用の計算に入ります。

カーネマンとトベルスキーによって提案された**確率重み付け関数**では、確率pが低い値の場合は変換された値$w(p)$はそれよりも大きくなり、確率pが高い値の場合は変換された値$w(p)$はそれよりも小さくなるという「ゆがみ」が発生します。これは、低い確率を過大評価し、高い確率を過小評価するという人間の心理的傾向を反映したものです。プロスペクト理論の確率重み付け関数はこうした人の確率評価における「ゆがみ」を表現しているわけです。

　そして、**実験8**の解説で示したように、こうした確率重み付け関数を仮定すれば、「アレのパラドックス」は解消されるのです。つまり、こうした確率重み付け関数の下で期待効用が最大になるような選択をする人にとっては、「パラドックス」と思われた独立性公理に矛盾する選択も、何ら矛盾がないことになるのです。

　実験9と**実験10**では、プロスペクト理論でもう1つ重要な構成要素である**価値関数**を測定しました。価値関数というのは、本質的には第1章で導入された**効用関数**と同じものです。

　ただ、価値関数には通常の効用関数にはない心理的傾向性が加味されているという点が違います。カーネマンとトベルスキーは、ちょうど客観的な確率にある心理的傾向性を導入して確率重み付け関数を導いたように、効用関数に1つの重要な心理的傾向性を導入することで価値関数を導きました。その心理的傾向性とは**損失回避性**です。

　損失回避性とは、人は同じ金額だとしても、それを得るときに比べて、それを失うときの方が大きな効用の変化を

経験する、ということです。例えば、誰かから1000円をもらったときの喜びに比べて、持っていた1000円をうっかりどこかに落としてしまった場合の悲しみの方が大きいということです。

　実験9の解説の最後に書いたように、損失回避性を仮定することで、タクシー・ドライバーやプロ・ゴルファーの一見不可解な選択が説明できるということで、損失回避性は、意思決定理論を現実に応用していく上で決して無視できない要素となっています。

　さて、**実験9**と**実験10**では、どちらでも損失回避性を測定できるのですが、前提に大きな違いがあります。実験9では、価値関数の形状がリスク中立的な場合と同じ直線（線形）だと仮定した上で損失回避性を測定しています。このように、ある特定の関数形を仮定した測定法を**パラメトリック**な手法といいます。これに対して、実験10では、価値関数の形状には一切何も仮定せずに損失回避性を測定しています。このように、ある特定の関数形を仮定しない測定法を**ノンパラメトリック**な手法といいます。

　当然、実験参加者の価値関数がどのような形状であるのか事前にはわかりませんから、ノンパラメトリックな手法の方が安全で、かつ信頼の置ける手法であるのは明らかです。

　なお、読者の皆さんも感じたことと思いますが、実験10の測定法はやや込み入っているので、とりあえず大雑把な傾向をつかむだけであれば、実験9を使用してもよいと思います。

　ただ、意思決定理論の実験では、近年ますますノンパラ

メトリックな手法の利用頻度が増えてきていますので、続く第3章でも基本的にはこうしたノンパラメトリックな手法を紹介していくつもりです。

　さて、このようにして、この第2章ではプロスペクト理論を構成する2大要素である確率重み付け関数と損失回避性を伴う価値関数の測定に取り組みました。このプロスペクト理論は、現在、期待効用理論に代わる代表的な意思決定理論として認められているもので、その有用性についてはこれまでも述べてきた通りなのですが、まったく欠陥がないわけではありません。

　それどころか、期待効用理論よりも劣っているのではないか？　と思わざるを得ないような場合さえあるのです！その場合とは、実験1で取り扱った「サンクトペテルブルクのパラドックス」なのです。これについては、節を変えて説明しましょう。

　ただ、以下の部分は数学的でやや難しいので、途中の計算や証明は飛ばして、最後の結論だけ読むということでもかまいません。

プロスペクト理論の下での
「サンクトペテルブルクのパラドックス」

　これまでの実験では2、3種類の結果が生じるくじばかり考えてきましたが、プロスペクト理論の下での「サンクトペテルブルクのパラドックス」を説明するにあたっては、一般に全部でn種類の結果が生じうるくじについて考えなければなりません。

　つまり、確率p_1で賞金額x_1が当たり、確率p_2で賞金額x_2が当たり、……、確率p_nで賞金額x_nが当たるというくじです。

　この場合、こうしたくじにおけるそれぞれの賞金額が当たる確率を確率重み付け関数$w(p)$を使って変換した確率$\tilde{p}$は、以下のように定義されます。

$$\tilde{p}_1 = w\left(\sum_{k=1}^{n} p_k\right) - w\left(\sum_{k=2}^{n} p_k\right)$$

$$\tilde{p}_2 = w\left(\sum_{k=2}^{n} p_k\right) - w\left(\sum_{k=3}^{n} p_k\right)$$

$$\cdots\cdots$$

$$\tilde{p}_j = w\left(\sum_{k=j}^{n} p_k\right) - w\left(\sum_{k=j+1}^{n} p_k\right)$$

$$\cdots\cdots$$

$$\tilde{p}_n = w(p_n)$$

ただし、$w(0)=0, w(1)=1$とします。すると、

$$\sum_{j=1}^{n} \tilde{p}_j = 1$$

となり、変換した確率$\tilde{p}$の合計が1になるので、たしかに確率の条件を満たしています。

なお、ここで、

$$\sum_{k=j}^{n} p_k = p_j + p_{j+1} + \cdots + p_n$$

は和を表しており、Σ記号の右側にある文字式p_kの添え字kを、Σ記号の下側に書いてある値（この場合j）を出発点として、Σ記号の上側に書いてある値（この場合n）になるまで順に1つずつ増加させては、その文字式を足し合わせていく、ということを意味します。

　例えば、これまでの実験のように2つの結果があるくじの場合は、変換した確率$\tilde{p}$は次のようになります。

$$\tilde{p}_1 = w(p_1 + p_2) - w(p_2) = 1 - w(p_2)$$
$$\tilde{p}_2 = w(p_2)$$

　3つの結果があるくじの場合は、変換した確率$\tilde{p}$は次のようになります。

$$\tilde{p}_1 = w(p_1 + p_2 + p_3) - w(p_2 + p_3) = 1 - w(p_2 + p_3)$$
$$\tilde{p}_2 = w(p_2 + p_3) - w(p_3)$$
$$\tilde{p}_3 = w(p_3)$$

　さて、実験8の解説では、プロスペクト理論の下では「アレのパラドックス」が解消されると説明しましたが、実は実験1で見た「サンクトペテルブルクのパラドックス」については解消されない、ということを以下で確認したいと思います。

　まず、あるくじLに対するプロスペクト理論における期待効用 $V(L)$ は、一般に n 個の結果が生じる場合を考えると、先ほど説明した確率重み付け関数を適用すれば、

$$V(L) = \sum_{k=1}^{n-1} v(z_k) \times \left(w\left(\sum_{j=k}^{n} p_j \right) - w\left(\sum_{j=k+1}^{n} p_j \right) \right) + v(z_n) \times w(p_n) \ \cdots\cdots (7)$$

となります。ここで、価値関数 v は $v(0)=0$ で、かつ実験5で導入した次のような相対的リスク回避度一定の効用関数を仮定します。

$$v(x) = x^\alpha$$

ここで、α は相対的リスク回避度を表すパラメータで、$0 \le \alpha \le 1$ の範囲の値を取りうるものとします。また、確率重み付け関数 w は $w(0)=0$ で、かつ実験8で導入した次のような関数を仮定します。

$$w(p) = \frac{p^\gamma}{\left[p^\gamma + (1-p)^\gamma \right]^{1/\gamma}} \ \cdots\cdots (8)$$

なお、$\gamma < 1$ とします。

さて、カーネマンとトベルスキーが実験を行って得た結果では、$\alpha = \beta = 0.88$ および $\gamma = 0.61$ という値が推定されていますので、以下ではこの数値を使用しましょう。

いま、このプロスペクト理論の下で、実験1を考えてみます。この場合、公平なコイン1つを投げ続けて k 回目に初めて表が出た場合に 2^k（百円）の賞金が得られるのですから、

$$z_k = 2^k$$

$$p_k = \frac{1}{2^k} = 2^{-k}$$

をプロスペクト理論の下での期待効用を表す式（7）に代入します。ただし、コインは表が出るまでいつまでも投げ続けることになるので、$n \to \infty$ の場合を考えます。したが

って、

$$V(L) = \sum_{k=1}^{\infty} v(2^k) \times \left(w\left(\sum_{j=k}^{\infty} 2^{-j} \right) - w\left(\sum_{j=k+1}^{\infty} 2^{-j} \right) \right)$$

$$= \sum_{k=1}^{\infty} v(2^k) \times \left(w(2^{1-k}) - w(2^{-k}) \right) \quad \cdots\cdots(9)$$

なお、ここで式（9）の一行目から二行目の計算では、

$$\sum_{j=k}^{\infty} 2^{-j} = 2^{-k} + 2^{-(k+1)} + \cdots = 2^{1-k}$$

および、

$$\sum_{j=k+1}^{\infty} 2^{-j} = 2^{-(k+1)} + 2^{-(k+2)} + \cdots = 2^{-k}$$

のように、無限等比数列の和の公式を使いました。

ここで、式（8）の確率重み付け関数 $w(p)$ の分母に注目すると、$p \to 0$ のとき、

$$\lim_{p \to 0} [p^\gamma + (1-p)^\gamma]^{1/\gamma} = 1$$

となります。したがって、ごく小さな確率 p については確率重み付け関数 $w(p)$ は、

$$w(p) \sim p^\gamma$$

と近似できるので、これを使うと、

$$\left(w(2^{1-k}) - w(2^{-k}) \right) = \left(2^{1-k} \right)^\gamma - \left(2^{-k} \right)^\gamma$$

となります。

結局、プロスペクト理論における期待効用は、

$$V(L) = \sum_{k=1}^{\infty} \left(2^k \right)^\alpha \times \left(\left(2^{1-k} \right)^\gamma - \left(2^{-k} \right)^\gamma \right)$$

$$= (2^y - 1) \times \sum_{k=1}^{\infty} 2^{(\alpha-\gamma)k} \quad \cdots\cdots (10)$$

となります。ここで、$k \to \infty$の場合、

$$\lim_{k \to \infty} 2^{1-k} = 0$$

$$\lim_{k \to \infty} 2^{-k} = 0$$

になることを使いました。

　最後に、カーネマンとトベルスキーの実験での推定値$\alpha=0.88$および$\gamma=0.61$を式（10）に代入すると、

$$V(L) \sim 0.526 \times \sum_{k=1}^{\infty} 2^{0.27k}$$

となり、

$$\sum_{k=1}^{\infty} 2^{0.27k} = 2^{0.27 \times 1} + 2^{0.27 \times 2} + \cdots > 1 + 1 + \cdots$$

であることを考慮すると、

$$V(L) \to \infty$$

このように期待効用は無限大になってしまいます。

　つまり、実験1の状況にプロスペクト理論を当てはめると「サンクトペテルブルクのパラドックス」が発生してしまうのです。

　期待効用理論を仮定すれば実験1ではパラドックスは解消されたのですから、プロスペクト理論の方が期待効用理論よりも優れているとは言えない事例も存在するということです。

　なお、一般に、プロスペクト理論における価値関数vのパラメータαと確率重み付け関数wのパラメータγについ

て、$\alpha > \gamma$ならばプロスペクト理論の下でサンクトペテルブルクのパラドックスが生じることを示すことができます。

第1章と第2章では、異なる賞金額が確率的に発生するというリスクのある状況の下での意思決定理論として、代表的な期待効用理論とプロスペクト理論について解説し、**リスク選好**を測定する実験を行ってきました。

次の第3章では、これ以外の状況として、一定の賞金額を異なる時点で受け取るとしたらどの時点で受け取るのが望ましいのか、そのタイミングに関する**時間選好**や、一定の賞金額を他人と分け合うとしたらどのように配分すればよいのかに関する**社会的選好**を測定する実験を行い、意思決定理論の広がりをさらに感じていただきます。さらに意思決定における誤りと**認知能力**の関係などの最近の話題について触れた後、これらのリスク選好・時間選好・社会的選好・認知能力をすべて統合した意思決定の統一理論を提案します。

コラム2
リスク回避性のパラドックス

　いま「50%の確率で10円を失うが、50%の確率で11円を得る」というギャンブルを考えます。Aさんは、こうしたギャンブルは避けたいと思っているリスク回避的な人だとします。このような少額のギャンブルについてリスク回避性を仮定するとおかしなことが生じてしまうというのが「リスク回避性のパラドックス」です。

　まず、Aさんの所持金をW円とします。それで、Aさんがこのギャンブルを拒絶したということは、言い換えれば、所持金がWから$W+11$に増えることによる効用の増加分$u(W+11)-u(W)$よりも、所持金がWから$W-10$に減ることで生じる効用の減少分$u(W)-u(W-10)$の方を重く感じているということです。つまり、

$$u(W)-u(W-10) \geq u(W+11)-u(W)$$

ということです。この式からそれぞれの場合の1円当たりの効用の平均を比較すると、

$$\frac{u(W)-u(W-10)}{10} \geq \frac{u(W+11)-u(W)}{11}$$

つまり、

$$u(W)-u(W-10) \geq \frac{10}{11}[u(W+11)-u(W)]$$

という関係が成り立っているはずです。これは、所持金を失う際の1円当たりの効用は、所持金を得る際の1円当たりの効用の10/11でしかない、ということを意味します。

　ここで、Aさんの所持金が21円増えて$W+21$になった状況で再度、このギャンブルについて尋ねてみても、やは

りAさんはこのギャンブルを拒絶するはずですから、先ほどの最後の式のWの代わりに$W+21$を代入すれば

$$u(W+21)-u(W+11)\geqq\frac{10}{11}[u(W+32)-u(W+21)]$$

が成立するはずです。ここで、所持金$W+21$から10円を失った場合には$W+11$、つまり、最初のギャンブルで11円を得た状況と同じになることに注意してください。

　所持金Wのときに、それが$W+11$になる場合の1円当たりの効用は$W-10$になる場合の10/11倍だったわけですから、所持金$W+21$のときに、それが$W+32$になる場合の1円当たりの効用は$W+11$になる場合の10/11倍になるはずです。したがって、Aさんにとって、所持金が$W+32$になる場合の1円当たりの効用は$W-10$になる場合の$\frac{10}{11}\times\frac{10}{11}=\left(\frac{10}{11}\right)^{2}\fallingdotseq0.83$倍にしかすぎません。

　一般的に考えると、Aさんにとって、所持金が$W+11k$になる場合の1円当たりの効用は、$W-10$になる場合の$\left(\frac{10}{11}\right)^{k+1}$倍以下にしかすぎません。$k\to\infty$のとき$\left(\frac{10}{11}\right)^{k+1}\to0$となりますから、得ることのできる賞金額$11k$がいくら大きくても、このギャンブルには決して応じることはないのです。しかし、所持金が十分に大きな額になるなら、50%の確率で10円を失うリスクなどどうでもよさそうなものです。

　このように、比較的小さな額のギャンブルでリスク回避性を仮定するとおかしなことになるので、こうした状況では**リスク中立性**を仮定する方がよいのです。

時間選好・社会的選好・認知能力

様々な状況下での
選択を考える

1 時間選好の測定

　第3章では、リスク選好以外の意思決定理論に関する重要な理論について実験を通じて見ていきたいと思います。

　最初に学ぶのは**時間選好**に関する理論です。時間選好というのは、わかりやすくいうと、ある選択をいつの時点で行うのがよいのか、そのタイミングに関する好みのことです。

　例えば、年金を定年直後の65歳から受給するのか、それとも何割増しかの年金額を75歳から受給するのか、どちらがよいと考えるのかは、仮に寿命が90歳までであることが確実にわかっているとしても、人によって違うと思います。

　この場合、問題になっているのは、<u>定年後すぐに一定額</u>の年金を受け取るか、<u>定年してから10年後</u>に割り増しされた年金額を受け取るか、ということです。1年当たりにもらえる年金額は、75歳から受給した方が当然多くなりますが、10年間は受け取りを我慢しなければなりません。

　時間選好というのは、この<u>我慢強さの程度</u>を表すものだと考えてもよいと思います。

　年金額が多少低くても今すぐ年金が欲しい「せっかち」な人であるのか、年金額が高くなるのなら10年間は我慢できる「のんびり」な人であるのか、それを決めているのがその人の時間選好ということになります。

　さて、このような時間選好を測定するには、従来以下のような実験手法が用いられてきました。次の表3‐1を見

てください。

　この実験では、組番号1から10まで全部で10個の選択を行います。それぞれの組番号における選択肢AとBとを比較して、どちらかよいと思う方を選び、「あなたの選択」欄のAかBに丸を付けてください。

　ただし、選択肢Aは3000円を1ヵ月後に受け取ることになっていて、これはすべての組番号で同一になっています。選択肢Bはある金額を7ヵ月後に受け取ることになっていて、組番号ごとに金額が異なります。

表3-1. 従来の時間選好測定実験

組番号	選択肢 A 1ヵ月後に 受け取る金額	選択肢 B 7ヵ月後に 受け取る金額	あなたの選択
1	30000円	30750円	A　or　B
2	30000円	31520円	A　or　B
3	30000円	32290円	A　or　B
4	30000円	33080円	A　or　B
5	30000円	33870円	A　or　B
6	30000円	34670円	A　or　B
7	30000円	35480円	A　or　B
8	30000円	36300円	A　or　B
9	30000円	37130円	A　or　B
10	30000円	37970円	A　or　B

　さて、皆さんもすでに気づいたと思いますが、この実験の形式は第1章の実験4でリスクに対する態度を測定した

際のものとよく似ています。実験4では受け取る金額を固定した状態で、賞金が当たる確率を変化させ、選択肢Aから Bにスイッチする組番号から、その人のリスク選好を測定しました。

表3-1に示された実験では、選択肢Aの1ヵ月後に受け取る金額を固定した状態で、選択肢Bの7ヵ月後に受け取る金額を変化させ、選択肢AからBにスイッチする組番号からその人の時間選好を測定します。

極端にせっかちな人なら、7ヵ月後に割り増しされる金額がいくらであろうと常により早くお金を受け取れる選択肢Aを選ぶでしょう。しかし、ある程度我慢強い人なら、7ヵ月後に受け取る金額が一定以上の大きさになれば、受け取る時期を半年遅らせてもよいと考えて、選択肢Bにスイッチすることでしょう。

この測定方法は、意思決定理論の実験では非常にポピュラーなものですが、実はいくつかの難点があります。

1つ目は、時間選好を表す関数が特定の形状をしていることを仮定するパラメトリックな手法であるということです。そのため、実験参加者が仮定された関数では表せないような時間選好をもっている場合には正しく測定ができません。

2つ目は、この手法で時間選好を測定するためには、あらかじめリスク選好を表す効用関数の形状を知っておかなければなりません。言い換えると、この手法はいつでも実験4のようなリスク選好を測定する実験とペアにして使用しないと、そもそも時間選好を測定できないのです。

そこで、以下の実験11では、これら2つの難点を克服し

た、最近提案された測定手法を紹介します。この手法は、時間選好を表す関数には何ら特定の形状を仮定しない**ノンパラメトリック**な手法になっており、かつリスク選好を知らなくても時間選好を測定できるようになっています。しかも、答えるべき設問数も少なくてすみますので、大変優れたものです。

それでは、さっそく実験11に取り組んでみましょう。

実験11：時間選好の測定

この実験11では、合計5組の問いに答えてもらいます。各組では、<u>毎週2000円を得ること</u>は共通ですが、その<u>受け取り開始時期</u>と<u>受け取り期間</u>が異なる2つの選択肢LとRとが提示されます。

毎週一度だけ2000円を受け取るものとし、それを受け取れる期間は、回答後から1週間目までの場合が<u>最短で1週間</u>で、回答後から52週目までの場合が<u>最長で52週間（＝1年間）</u>となります。

なお、回答に当たっては、毎週2000円を回答後から1週間目まで受け取る場合は、「1週目から1週目」、2週間目まで受け取る場合は「1週目から2週目」と答えてください。その上で、皆さんにとって<u>選択肢LとRとが同等の価値となるように</u>、以下の表の空欄内に1以上の数字を整数で書き入れてもらいます。ここで、同等の価値であるとは、選択LとRのどちらを受け取ることになってもかまわない、つまり無差別であるということです。

また、回答する際には、<u>選択肢LとRに記された受け取</u>

り期間が連続するように、両方の空欄に同じ数値を書き入れてください。例えば、組1では選択肢LとRの両方の「A」という欄に同じ数値を書き入れてください。

　なお、空欄内の記号に＊が付いている箇所（A*, B*, …）は、先の組で答えた数値を再び用いるという意味です。例えば、組1で「A」という欄に書いた数字は、次の問2や問3の「A*」という欄にも入ります。その値を転記してから空欄「B」や「C」を埋めてください。

	選択肢L	選択肢R
組1	1週目から A 週目まで 毎週2000円を得る	A から52週目まで 毎週2000円を得る
組2	1週目から B 週目まで 毎週2000円を得る	B から A* 週目まで 毎週2000円を得る
組3	A* から C 週目まで 毎週2000円を得る	C から52週目まで 毎週2000円を得る
組4	1週目から D 週目まで 毎週2000円を得る	D から B* 週目まで 毎週2000円を得る
組5	C* から E 週目まで 毎週2000円を得る	E から52週目まで 毎週2000円を得る

解説

　この実験11では、あなたの**時間選好**を測定します。時間選好とは、時間の経過に対してあなたが抱いている価値や評価のことです。「時は金なり」ということわざがありますが、時間にはそれ自体に価値があるという考えは、それほど珍しいものではないでしょう。ただ、この時間選好は、当然ですが、人によって異なります。

　例えば、食卓に出された料理のうち、好きなものから先に食べる人と、好きなものは最後まで取っておく人がいます。他にも、学生時代に夏休みの宿題を早々と済ませてしまう人と夏休みが終わる間際まで手を付けない人がいたと思います。

　このように、わたしたちの周りには、楽しみを先に享受したい「せっかちな人」と、楽しみを後に取っておきたい「のんびりな人」がいます。これは、それぞれの人の時間選好が異なるためだと考えられます。

　もちろん、どちらの時間選好がよいのかは、人によって、状況によって異なるでしょうから、「せっかち」だから悪いとか、「のんびり」だからダメだといった、その善悪を問うことはできません。

　ここで測定しようとしているのは、あくまでもあなたがどのような時間選好を抱いているのか？　ということ、ただそれだけです。

　それでは、実験11の回答データを用いて時間選好を測定していくために必要な意思決定理論の概念について説明していきましょう。

■時間割引率と割引現在価値

　まず、最も重要なのは**時間割引率**（time discount rate）という概念です。割引とかディスカウントというと、皆さんは「安売り」というイメージをまず思い描くことと思います。ここでの割引という言葉は、金融業で用いられているもので、簡単には利子の逆だと理解するとよいでしょう。

　例えば、年5%の利子率の下で1万円を預金したとすると、1年後には、1万円×0.05=500円の利子が付きます。そこで、今度はそれと逆に年5%の利子率の下で1年後にちょうど1万円になるように預金するためには、現時点でいくら預金すればよいか考えてみましょう。

　現時点で預金する金額をx円とすると、1年後には5%の利子が付くわけですから、1年後には元利合計1.05x円になっているはずです。そして、これが1万円に等しいということから、

$$1.05x円=1万円 \quad \Leftrightarrow \quad x=1万円/1.05 ≒ 9524円$$

となります。

　よって、現時点で9524円を預金すれば、1年後にちょうど1万円になります。

　このように、<u>将来受け取る金額を現時点の価値に換算する操作を**割引**といいます</u>。そして、上記のような計算で求まった、現時点での価値を**割引現在価値**といいます。この割引現在価値は、いまの計算でもわかるように、定義上、将来時点で受け取る金額よりも小さな値になります（9524円＜1万円）。だから割引といいます。そして、この割り引かれる割合のことを**時間割引率**といいます。

　さて、先ほどの例では、割引現在価値を求めるにあたって、預金利子率のように誰にでも共通に当てはまる客観的な数値を使用しましたが、わたしたちの時間選好を考える際にはこのような客観的な数値は利用できない場合があります。

　例えば、先に例として挙げた、食卓に出た好きな料理を先に食べるか、最後まで残しておくか、どちらがよいかという問題を考えてみましょう。

　ここで、割引現在価値という考え方を使うために、料理が出た瞬間を現時点、食事が終わる時点を将来時点とします。この料理を食べることで得られる効用をuとすると、問題は、現時点でuという効用を得ることと、将来時点でuという効用を得ることのどちらが好ましいか、ということになります。

　この問題を解くためには、将来時点で得るはずの効用uを現時点の価値に割引して、現時点で得る効用uと同じ時点で評価・比較する必要があります。

　そこで、将来時点で得るはずの効用uの割引現在価値を求めなければなりませんが、このとき、銀行の預金利子率は使えませんね。なぜなら、目の前の食事は銀行に預けることができるようなお金ではないのですから。

　それでも、人は現時点でその料理を口にする満足度と将来その料理を口にする満足度を想像の上で比較することができます。銀行の預金利子率のような客観的なものではありませんが、このとき、**主観的な時間割引率**が用いられていると考えることは可能です。

　実は、銀行に預けることができるお金の場合について

も、客観的な利子率以外に主観的な時間割引率を考えることが可能です。例えば、銀行にお金を借りに来た人について、ある人は銀行の利子率が高すぎると思ってお金を借りるのをあきらめ、別の人はその利子率なら大丈夫と借りていく、ということがありえます。この場合、お金を借りていく人というのは、いますぐお金が必要な人であり、このような人は将来時点よりも現在時点の1円をより重視している人ということになります。しかも、その重視する度合いが銀行の利子率よりも高いわけです。この重視する度合いこそ、その人の主観的な時間割引率に他なりません。

■指数型割引

　この実験11や、冒頭に紹介した従来からポピュラーな測定手法は、こうした主観的な時間割引率を測定するために考案されたものです。

　この時間割引率ですが、代表的な関数形には**指数型**（exponential）の時間割引率と**双曲型**（hyperbolic）の時間割引率があります。従来から用いられてきた伝統的なものが指数型で、行動経済学によって発見され、次第にポピュラーになってきたものが双曲型です。

　この2つの時間割引の違いを説明するために、先ほどの預金の例をもう一度考えてみましょう。

　先ほどは利子率が年5%という具体的な数値を用いましたが、ここでは利子率を一般化して記号rで表現します。すると、現時点で銀行に預けた1万円は1年後には$1+r$万円になります。いま銀行にx万円を預けたとすると、1年後には$(1+r)x$万円になりますので、先ほどの例のように

考えると、1年後に受け取るx万円を現時点での価値に換算した割引現在価値yは、

$$y = \frac{1}{1+r} x$$

となります。

このことから、利子率rの下での**時間割引率**δは、

$$\delta = \frac{1}{1+r}$$

だということがわかります。

　ここで、**主観的な時間割引率**をDとして考えてみましょう。このとき銀行の預金利子率rのような客観的な数値の代わりに、別の「主観的な利子率」ρが用いられていると考えると、主観的な時間割引率Dは、同様にして、

$$D = \frac{1}{1+\rho}$$

と定義されることになります。これが**指数型割引の場合の時間割引率**となります。以降は、こちらを用います。

　さて、ここまでは1年後に受け取る効用を現時点に割り引く場合を考えてきましたが、もっと遠い将来の時点、あるいはもっと近い将来の時点に受け取る効用を現時点に割り引く場合も当然、考えられます。

　いま将来の時点をt年後とすると、時点tに受け取る効用を現時点に割り引く際の主観的な時間割引率$D(t)$は以下のように表されます（この公式の詳しい説明は、第3章の補論Aを参照）。

$$D(t) = \frac{1}{(1+\rho)^t}$$

この公式を使うと、例えば、1年を単位とした場合に、10年後に受け取る効用を現時点に割り引く際には、次の時間割引率を用いることになります。

$$D(10) = \frac{1}{(1+\rho)^{10}}$$

　1ヵ月後に受け取る効用を現時点に割り引く際には、1ヵ月は$t=1/12$となるので、次の時間割引率を用いることになります。

$$D\left(\frac{1}{12}\right) = \frac{1}{(1+\rho)^{\frac{1}{12}}}$$

　さらに、数日後とか数時間後といった、もっと小さな単位の時点を考えることも可能です。この場合、時点tを1, 2, 3, …といった整数とするよりは、連続的な変数（実数）として考えた方が便利です。

　すると、時間割引率の公式は次のような指数関数になることを示すことができます（第3章の補論Aを参照）。

$$D(t) = \frac{1}{e^{\rho t}} = e^{-\rho t}$$

　これが、ここで考えている主観的な時間割引率$D(t)$が指数型だと言われる理由です。

■双曲型割引と現在バイアス

　これに対して、**行動経済学**の研究では、人々の選択行動はこの指数型割引に基づいていると仮定すると、矛盾した傾向をもつことになるという事例が報告されています。

　例えば、夏休み中に宿題を終わらせようと計画していた

にもかかわらず、ついつい宿題をするのを先延ばしにして
しまうという経験をしたことがある人もいると思いま す
が、これを指数型割引で考えると矛盾が生じるのです。

　このように嫌いなことを過度に先延ばしにする、言い換
えれば、好きなことを過度に前倒しにするという行動は、
将来時点よりも現在時点での効用を過度に重視しているこ
とから、**現在バイアス**（present bias）と呼ばれていま
す。

　このような現在バイアスがあるとき、人は指数型の時間
割引率で考えるよりも現時点で受け取る効用を高く、将来
受け取る効用を低く評価している傾向があると考えられま
す。こうした傾向性は、**双曲型**の時間割引率という考え方
を用いることで表現できるとされています。

　この双曲型割引は、時間割引率の関数形でいうと、指数
型よりもつねに低い割引率を示すような関数形にすること
で表現できます。

　例えば、指数型割引で考えると1年後に受け取る効用に
対する時間割引率が $D(1)=0.5$ になるとすると、現在バイ
アスを示す人は、1年後に受け取る効用をもっと低く評価
してしまうので、その時間割引率は、例えば $D(1)=0.3$ の
ようにより低い値になっているはずです。

　このような特徴をもつ現在バイアスは、次のような主観
的な時間割引率 $D(t)$ を考えるとうまく表現できるとされ
ています（κ は定数）。

$$D(t)=\frac{1}{1+\kappa t}$$

　これが**双曲型の時間割引率**となります。この関数形が双

曲線を表しているからこう呼ばれます。

　以下の図3−1は、指数型と双曲型の時間割引率$D(t)$を比較したものです。横軸に時点t、縦軸に時間割引率$D(t)$を取り、例として、$\rho=0.2$, $\kappa=1$という値をそれぞれの関数に代入してグラフ化しています。

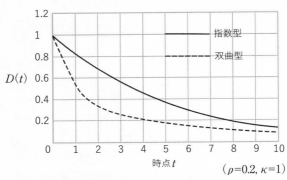

図3−1. 指数型と双曲型の時間割引率（$\rho=0.2$, $\kappa=1$の場合）

　この図3−1を見ると、双曲型の時間割引率はつねに指数型よりも低い値を取っており、かつ双曲型の方が指数型よりも時間割引率の減少が急激であることがわかります。

　このことから、このような双曲型の時間割引率をもつ人は、指数型の時間割引率をもつ人よりも将来時点の効用を過度に割り引く傾向があり、その結果として、嫌いなことを先延ばしにし、好きなことを過度に前倒しにするという現在バイアスを示すことがわかります。

　しかし、$\rho=\kappa=0.5$という別の値を代入すると2つのグラフは以下の図3−2のように変化します。この場合には、逆に双曲型の時間割引率がつねに指数型よりも高い値を取

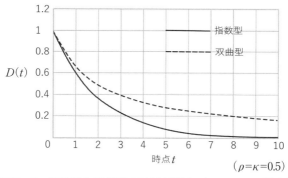

（ρ＝κ＝0.5）

図3-2.　指数型と双曲型の時間割引率（ρ＝κ＝0.5の場合）

ってしまい、現在バイアスとは逆の性質を示すことになります。

　さらに、ρ＝0.3, κ＝0.7という値を代入したグラフが以下の図3-3です。この場合、指数型と双曲型の時間割引率のグラフが交差してしまいます。そのため、比較的近い将

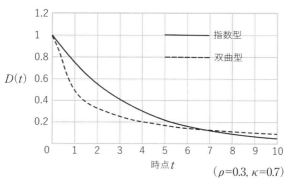

（ρ＝0.3, κ＝0.7）

図3-3.　指数型と双曲型の時間割引率（ρ＝0.3, κ＝0.7の場合）

来に得る効用を割り引く場合には、双曲型の方が指数型よりも割引する度合いが高く、現在バイアスを示していますが、遠い将来に得る効用を割り引く場合には、その関係が逆転してしまいます。

　つまり、3つの例からわかるように、双曲型の時間割引率では、関数のパラメータκの値次第では、現在バイアスを示すこともあれば、示さないこともある、ということになります。

　そこで、つねに現在バイアスを表現できるような時間割引率の関数形として提案されているのが、**準双曲型**（quasi-hyperbolic）と呼ばれているもので、それは以下の式によって表されます。

$$D(t) = \beta e^{-\rho t}$$

　これは、先に紹介した指数型の時間割引率の式に、現在バイアスを表す定数β（$0 < \beta < 1$）を掛けたものになっていま

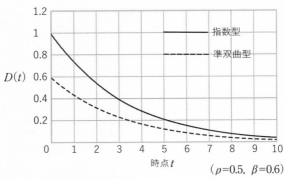

図3 - 4.　指数型と準双曲型の時間割引率（ρ=0.5, β=0.6の場合）

す。これならば、つねに指数型よりも低い時間割引率を表現できます。

例として、ρ=0.5, β=0.6の場合をグラフ化したのが、図3-4になります。

■現在バイアスと時間不整合性

ここまで時間割引率と現在バイアスについて説明してきました。次に、現在バイアスを示す人は一般に**時間不整合的**（time inconsistent）**な選択**をするということを説明したいと思います。時間不整合性とは、簡単にいえば、事前の計画では望ましいと考えていた将来の選択が、実際にその選択を実行する時点になると望ましいものではなくなってしまう、ということを意味します。

例えば、毎月、給料日前になると懐が寂しくなるので、来月給料をもらったら無駄遣いせず節約しようと思っている人がいたとします。しかし、実際に来月の給料日になるとどうしても買いたいものができてしまい節約を計画したことを忘れてしまうといった場合、時間不整合性の問題が生じているといえるでしょう。

このような時間不整合的な選択は、指数型割引で考えると矛盾が生じるが、準双曲型割引で考えれば矛盾は発生しないということを、次の有名な例によって説明します。

いま旅先で一文無しになってしまい、数日間何も口にしていない空腹な旅人がいるとします。その旅人に対して、今日りんご1個を手に入れるか、明日りんご2個を手に入れるか、どちらか選べという選択が提示されたとします。

皆さんがこの旅人の立場ならどちらを選択するでしょう

か？　おそらく、多くの人は今日りんご1個を手に入れる方を選ぶと思います。すぐにりんごを食べられる方がうれしいからです。

今度は、同じ状況で、10日後にりんご1個を手に入れるか、11日後にりんご2個を手に入れるか、どちらか選べという選択が提示されたとします。

この場合、多くの人は11日後にりんご2個もらえる方を選びます。この空腹な旅人にしてみれば、10日後も11日後も遠い将来のことで、そのような遠い将来においては、1日の差など関係なくなり、手に入れられるりんごの個数だけが重要になってくるからです。

しかし、どちらの場合も1日我慢すればりんごが2個に増えるわけですから、どちらの選択を提示されたとしてもりんごが2個もらえるという選択をするのが首尾一貫した選択だといえそうです。一般的に考えると、どちらの状況も、t日目にりんごを1個手に入れるか、$t+1$日目にりんごを2個手に入れるかの選択になっているからです。

しかし、直観的に判断すると、tが現時点 =0なのか10日後なのかで選択が逆転してしまいます。つまり、それは時間不整合的な選択だということになります。

次に、指数型の時間割引率をもつ人の場合、このような時間不整合的な選択は起こらないが、準双曲型の時間割引率をもつ人の場合には生じるということを説明してみましょう。

まず、注意してほしいのは、指数型の時間割引の場合、連続する時点tと時点$t+1$がいつの時点であっても、その時間間隔が同一である限り時間割引率は一定であるのに対

し、双曲型では考察する時点 t によって変化するという事実です（第3章の補論A参照）。

　また、先の図3‐4で見たように、準双曲型の場合、指数型に比べて、考察する時点 t が現在に近いほど、連続する2つの時点間の時間割引率の変化率（傾き）が大きいのに対し、時点 t が十分遠い将来だと、連続する2つの時点間の時間割引率の変化率（傾き）はほとんどゼロ（水平）となります。

　そのため、準双曲型の場合、現在に近い時点では、たとえ1日の時間差であっても将来に得られる効用は大きく割引されるため、それが手に入るりんごの個数の増加による効用の増分を打ち消してしまいます。

　それに対して十分遠い将来の場合、1日の時間差ではほとんど割引は起こりません。そのため、りんごの個数の違いからくる効用の差が優勢になるのです。

　具体的に考えてみましょう。いま、りんご x 個を手に入れることから得られる効用を $u(x)$ とします。また、時間 t の単位を1日と考え、今日を現時点 $t=0$ とします。今日りんご1個を手に入れることを、明日りんご2個を手に入れることより好むということは、準双曲型の時間割引率を使って表すと、

$$u(1) > D(1)u(2) = \beta e^{-\rho} u(2) \quad \cdots\cdots(1)$$

ということになります（今日は現時点なので効用は割引されません）。

　一方、11日後にりんご2個を手に入れることを、10日後にりんご1個を手に入れることよりも好むということは、

$$D(10)u(1)=\beta e^{-10\rho}u(1)<\beta e^{-11\rho}u(2)=D(11)u(2)$$

と表せます。この式を整理すると、

$$u(1)<e^{-\rho}u(2) \quad \cdots\cdots(2)$$

となります。式（1）（2）を組み合わせて整理すると、

$$\beta u(2)<e^{\rho}u(1)<u(2) \quad \cdots\cdots(3)$$

となります。

　準双曲型の時間割引率において現在バイアスを表す係数 β は $0<\beta<1$ でしたから、式（3）には何の矛盾もありません。

　このように、準双曲型の時間割引率をもつ人にとっては、今日りんご1個を手に入れる選択と11日後にりんごを2個手に入れることの選択には何の矛盾もなく、「合理的に」時間不整合的な選択が生じてしまうことが説明できたことになります。

■時間割引率の測定

　さて、ここまでの説明で時間割引率について理解したところで、実験11における皆さんの回答から、どのようにして時間割引率を測定するのかを説明しましょう。

　実験11では、最短で1週間から最長で52週間（1年間）までの期間を対象に、毎週2000円を受け取れるという状況において、2つの受け取り期間がちょうど同等の価値となるような期間を尋ねていました。

　いま、$M=2000$ 円を受け取ることに対する効用を $u(M)$

とし、tを1年を単位とする時間とすると、第1週目から第z週目（$1 \leq z \leq 52$）までMを受け取る場合の割引現在価値の合計は、

$$D(w_1)u(M)+D(w_2)u(M)+\cdots+D(w_z)u(M)$$

と表されます。ここで、w_zは第z週目を表しており、1年が52週だとすると以下のように定義できます。

$$w_z=\frac{z}{52}$$

例えば、1年のちょうど真ん中は第26週目ですから、

$$w_{26}=\frac{26}{52}=0.5$$

となります。

さて、先ほどの第1週目から第z週目までの割引現在価値の合計の式を整理すると、

$$[D(w_1)+D(w_2)+\cdots+D(w_z)]\times u(M) \quad \cdots\cdots(4)$$

となります。

今度は、第z週目から第52週目までの割引現在価値の合計を考えると、それは

$$[D(w_z)+D(w_{z+1})+\cdots+D(w_{52})]\times u(M) \quad \cdots\cdots(5)$$

と表されます。

実験11の組1では式（4）と（5）とがちょうど等しくなるような週zを求めていましたので、

$$D(w_1)+D(w_2)+\cdots+D(w_z)=D(w_z)+D(w_{z+1})+\cdots+D(w_{52}) \quad \cdots\cdots(6)$$

となり、効用$u(M)$は式から消えてしまいます。

このように、この実験11では<u>将来受け取る金額Mや効用関数uの形状とは無関係に</u>時間割引率を求めることができます。このことから、実験11は**ノンパラメトリック**な手法と呼ばれます。

ここで、上の式（6）に出てくるような時間割引率の合計の値を表す関数Cを定義してみます。いま、第i週目から第j週目までの時間割引率の合計を$C([i, j])$と書くことにします。

$$C([i, j]) = D(w_i) + D(w_{i+1}) + \cdots + D(w_j)$$

例えば、現時点から第1週目までの時間割引率の合計は$C([0, 1])$となります。ただし、

$$C([0, 0]) = 0 \quad かつ \quad C([0, 52]) = 1$$

とします。つまり、第52週目までの時間割引率の合計がちょうど1になるように基準化しておきます。

さて、組1に戻ると、この関数Cを用いれば、式（6）は

$$C([0, A]) = C([A, 52]) \quad \cdots\cdots(7)$$

であるようなAを求めていたことになります。$C([0, 52]) = 1$でしたから、

$$C([0, A]) + C([A, 52]) = 1 \quad \cdots\cdots(8)$$

よって、式（7）（8）から、

$$C([0, A]) = C([A, 52]) = 0.5$$

となります。つまり、組1では、時間割引率の合計が<u>1年間の時間割引率の合計のちょうど半分</u>となるような週Aはいつなのかを求めていたことになります。このAを$z_{0.5}$と書くことにしますと、組2では、この$z_{0.5}$を使って、

$$C([0, B]) = C([B, z_{0.5}]) \quad \cdots\cdots(9)$$

であるようなBを求めていたことになります。

$$C([0, B]) + C([B, z_{0.5}]) = 0.5 \quad \cdots\cdots(10)$$

だったので、式（9）（10）から、

$$C([0, B]) = C([B, z_{0.5}]) = 0.25$$

となります。つまり、時間割引率の合計が<u>1年間の時間割引率の合計のちょうど1/4</u>となるような**最初の四半期**に属する週Bはいつなのかを求めていたことになります。このBを$z_{0.25}$とします。

　組3では、

$$C([z_{0.5}, C]) = C([C, 52]) \quad \cdots\cdots(11)$$

であるようなCを求めていたことになり、これから

$$C([z_{0.5}, C]) = C([C, 52]) = 0.25$$

つまり、時間割引率の合計が<u>1年間の時間割引率の合計のちょうど1/4</u>となるような**最後の四半期**に属する週Cはいつなのかを求めていたことになります。このCを$z_{0.75}$とします。

　組4では、

$$C([0, D]) = C([D, z_{0.25}]) \quad \cdots\cdots(12)$$

であるようなDを求めていたことになり、これから、

$$C([0, D]) = C([D, z_{0.25}]) = 0.125$$

つまり、時間割引率の合計が<u>1年間の時間割引率の合計の</u><u>ちょうど1/8となるような**最初の四半期の半分に属する週**</u>Dはいつなのかを求めていたことになります。このDを$z_{0.125}$とします。

組5では、

$$C([z_{0.75}, E]) = C([E, 52]) \quad \cdots\cdots(13)$$

であるようなEを求めていたことになり、これから、

$$C([z_{0.75}, E]) = C([E, 52]) = 0.125$$

つまり、時間割引率の合計が<u>1年間の時間割引率の合計の</u><u>ちょうど1/8となるような**最後の四半期の半分に属する週**</u>Eはいつなのかを求めていたことになります。このEを$z_{0.875}$とします。

こうして求まった$z_{0.125}$, $z_{0.25}$, $z_{0.5}$, $z_{0.75}$, $z_{0.875}$と、それぞれの値に対応する関数Cの値0.125, 0.25, 0.5, 0.75, 0.875を基に、時間割引率の合計をグラフ化することができます（なお、実験で記入していったA-Eの値は、アルファベット順に尋ねていったわけではないので注意してください）。

例えば、実験11において、ある人が次の表3-2のような値を答えたとしましょう。

表3-2. 実験データ例

$z_{0.125}(D)$	$z_{0.25}(B)$	$z_{0.5}(A)$	$z_{0.75}(C)$	$z_{0.875}(E)$
6	12	25	37	44

これを基に時間割引率をグラフ化したのが図3-5になります。横軸は週zで、縦軸が週zまでの時間割引率の合計を表す関数Cの値です。破線は$C([0, 0])=0$と$C([0, 52])=1$とを結ぶ線分です（これを**線分L**と呼ぶことにします）。

表3-2の実験データから求めたCの値はこの線分Lよりも若干上側にある（より高い数値である）ことがわかります。これは、この人が現在バイアスをもっていることを示しています。

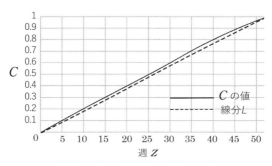

図3-5. 関数C（時間割引率の合計）のグラフ

例えば、ちょうど半年に当たる第26週目を考えると、これに対応する線分L上の点の値はちょうど0.5ですが、実験データから求めたCの値が0.5になるのは25週目、つまり、$C([0, z_{0.5}])=C([0, 25])=0.5$ということになっています。

つまり、時間割引率の合計がちょうど0.5になる週が、均等な間隔で考えている線分Lよりも1週分早く来るとい

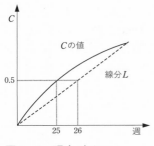

図3 - 6. 現在バイアス

うことは、現時点に近い方の時間割引率の合計がより大きい、つまり、将来の効用をより大きく割り引いているということを意味します（図3 - 6参照）。

このように、線分LとCの値とを比べることで、現在バイアスの兆候があるかどうかがわかるのです。

もちろん、人によっては、線分LとCの値にほとんど差がなく、現在バイアスの兆候が見られないということがありますし、逆にCの値が線分Lよりも小さいという人もいるかもしれません。

後者のような人は、現在受け取る効用よりも将来受け取る効用をより重視していることになりますが、このような場合を**将来バイアス**といいます。

さて、以上の結果をまとめると、次のようになります。

Cの値 ＞ 線分L： 現在バイアスの兆候
Cの値 ＝ 線分L： バイアスなし
Cの値 ＜ 線分L： 将来バイアスの兆候

なお、ここまで紹介してきた指数型や双曲型の時間割引率の関数では、この将来バイアスを表すことができません。そこで、現在バイアスと将来バイアスの両方の場合を表すことができる時間割引率の関数形として、以下のようなものが提案されています。

$$D(t) = 0.5e^{-\rho t} - 0.5e^{\rho t} + 1$$
$$D(t) = 0.5\cos(\rho t) - 0.5\sin(\rho t) + 0.5$$

　また、実験11の測定結果から、第 i 週目の時間割引率 $D(w_i)$ だけを求める場合には、第 i 週目までの時間割引率の合計 $C([0, i])$ と直前の第 i-1 週目までの時間割引率の合計 $C([0, i\text{-}1])$ との差

$$D(w_i) = C([0, i]) - C([0, i\text{-}1])$$

を取ると、これがその近似値になります。

　最後に、「実験11」の回答データから、統計ソフトRで C の値を計算し、時間割引率のグラフを描くためのプログラム例を第3章の補論Bの中で紹介しています。興味のある方は、ぜひご覧ください。

2 社会的選好の測定

この**実験12**では、他者との関わりの中で、人はどのような選好を示すのかを見ていきます。ここでは、自分ともう1人の相手との間で利益を分け合う場合について考えます。例えば、自分と相手とで何か共同のプロジェクトを行って得た利益を2人で分け合うという状況を考えてみましょう。このような場合、皆さんなら利益をどのように配分すべきだと考えるでしょうか？　この場合、自分が受け取る金額の大小だけでなく、自分と比べて相手がどれだけ受け取るのかも気になるところです。このような状況における自分と相手の受け取り額の配分に対する評価のことを**社会的選好**（social preference）と呼びます。

上の例では、2人がそれぞれそのプロジェクトのためにどれくらい時間や努力、資金を提供したのかによって結果が変わる可能性があります。そのため、ここでは2人とも対等な立場で同じだけの犠牲を払ってプロジェクトを実施したと考えてみます。

ここまで話を限定すると、それだったら利益を均等に分ける以外に考えられない、という人も多いでしょう。とはいえ、利益が多いほどうれしいのは間違いありませんので、本音を言えば、自分の方が利益の取り分が多い方が好ましいと感じる人も少なくないと思います。

もちろん、中にはお金に無頓着で、自分の利益の取り分は少なくてもいいという人もいるかもしれません。これらの考え方の違いには、その人の社会的選好の違いが反映さ

れているのです。

　このように対等の立場で得た利益の配分についても、その人の社会的選好によって、選びとる配分額は違ってきます。こうした人の社会的選好は、心理学の世界では**社会的価値志向性**（SVO: Social Value Orientation）と呼ばれています。このSVOを測定する実験は、心理学だけでなく、意思決定理論の実験でもよく使用されています。

　SVOを測定する手法がいくつか提案されていますが、その中で最もポピュラーなものは**三選択肢分解ゲーム**（triple dominance game）と呼ばれる手法です。この手法では、次の表3‐3のような得点表を9個用意し、実験参加者に順番に答えていってもらいます。

表3‐3. SVO測定手法での得点表の例

選択肢	A	B	C
あなたの得点	480	540	480
相手の得点	80	280	480

　この得点表にはAからCまで3つの選択肢があり、それぞれの選択肢ごとに、あなたと相手が受け取る利益が示されています。例えば、選択肢Aでは、あなたには480円、相手には80円の利益が発生します。なお、得点表ごとに、そこに記されている金額は変わっていきます。

　実験の参加者は、これらの選択肢の中でどれが自分にとって一番望ましいのかを順に選んでいきます。それで、9個の得点表のそれぞれについての選択が終了した時点で、その選択結果から、その人のSVOを判定します。

SVOは**個人主義的**（individualistic）、**競争的**（competitive）、**向社会的**（prosocial）の3つに分類されます。

　個人主義的タイプは、相手が得る利益に関係なく自分の利益が一番大きくなる選択肢を選ぶ人です。相手のことが全く眼中にないので個人主義的というわけです。表3‐3でいえば、あなたが受け取る金額が最大となる選択肢Bを選んだ人が個人主義的タイプになります。

　競争的タイプは、自分と相手が得る利益の差が最大となる選択肢を選ぶ人です。自分の受け取る金額の絶対額には関係なく、自分が得る利益が相手よりも多ければ多いほどうれしいというタイプです。表3‐3でいえば、相手との差が最大になる選択肢Aを選んだ人が競争的タイプになります。

　最後に、向社会的タイプは、自分と相手の得る利益の合計が最大となる選択肢を選ぶ人です。自分1人の利益だけでなく相手の利益も考慮するのがこのタイプです。表3‐3でいえば、自分と相手の利益の合計が最大になる選択肢Cを選んだ人が向社会的タイプになります。

　このようにして、9個の各得点表についてSVOを判定していき、過半数以上の得点表でその人のタイプだと診断されたものが、最終的にその人のSVOのタイプを表すものだとされています。

　この手法は簡便であり、かつ比較的安定した信頼できる判定結果が得られるということで重宝されていますが、まったく問題がないわけではありません。

　意思決定理論から見た場合に問題があるとされるのは主に2つの点です。

1つ目は、この手法で判定される3つのタイプが、後で詳しく説明しますが、意思決定理論で伝統的に社会的選好を表すタイプとしてきたものとあまり対応関係がないことです。つまり、SVOの判定結果は、そのままの形では意思決定理論での社会的選好の判定に使えないということです。

2つ目は、この手法で判定されるのは、利益の配分に当たっての人の大雑把な考え方ないし方針であって、本書のこれまでの実験で測定してきたような、厳密な数値や数式で表現できるような選好や効用関数ではないということです。

そこで、SVOを測定する手法の簡便さといった特徴を生かしつつ、上記の2つの点を克服した手法が、次の実験12になります。

なお、この実験12も、効用関数の形状に特別な仮定を置かなくても社会的選好を測定できる**ノンパラメトリック**な手法になっていることにも注目しておいてください。

実験12：社会的選好の測定

この実験では、自分とペアになった相手と2人の間での利益の配分に関して選択してもらいます。なお、相手が誰かは実験前も、実験後もわかりません。また、参加費などはなく、選んだ配分額は実験者から2人に与えられるものと考えてください。

これから以下の表に示したような5組の配分額を順番に比較してもらいます。それぞれの組番号で選択肢AとB

を比較し、そのどちらがよいかを考えて「あなたの選択」
欄のAかBに丸を付けてください。このあなたの選択に
よって2人の配分額が決まります。なお、選択肢Aではど
の組番号でも相手への配分額は1300円に固定されていま
す。また、選択肢Bではどの組番号でも自分と相手の配
分額はともに1000円に固定されています。選択肢Aでの
自分への配分額は、組番号が大きいほど次第に大きくなっ
ていくことに注意してください。

組番号	選択肢 A	選択肢 B	あなたの選択
1	自分に　800 円 相手に 1300 円	自分に 1000 円 相手に 1000 円	A または B
2	自分に　900 円 相手に 1300 円	自分に 1000 円 相手に 1000 円	A または B
3	自分に 1000 円 相手に 1300 円	自分に 1000 円 相手に 1000 円	A または B
4	自分に 1100 円 相手に 1300 円	自分に 1000 円 相手に 1000 円	A または B
5	自分に 1200 円 相手に 1300 円	自分に 1000 円 相手に 1000 円	A または B

　次に違う5組の配分額を順番に比較してもらいます。そ
れぞれの組番号で選択肢AとBを比較し、そのどちらが
よいかを考えて「あなたの選択」欄のAかBに丸を付け
てください。このあなたの選択によって2人の配分額が決
まります。なお、選択肢Aではどの組番号でも相手への
配分額は700円に固定されています。また、選択肢Bで
はどの組番号でも自分と相手の配分額はともに1000円に

固定されています。選択肢Aでの自分への配分額は、組
番号が大きいほど次第に大きくなっていくことに注意して
ください。

組番号	選択肢 A	選択肢 B	あなたの選択
6	自分に　800 円 相手に　700 円	自分に 1000 円 相手に 1000 円	A または B
7	自分に　900 円 相手に　700 円	自分に 1000 円 相手に 1000 円	A または B
8	自分に 1000 円 相手に　700 円	自分に 1000 円 相手に 1000 円	A または B
9	自分に 1100 円 相手に　700 円	自分に 1000 円 相手に 1000 円	A または B
10	自分に 1200 円 相手に　700 円	自分に 1000 円 相手に 1000 円	A または B

解説

　意思決定理論の研究では、社会的選好は**他者をも考慮す
る選好**（other-regarding preference）と呼ばれることも
あります。

　これまでの実験では、意思決定をするのも、その結果か
ら利益や損失を受けるのもあなた1人だけでした。この実
験12では、あなたともう1人相手がいます。その相手と自
分とでいくらずつの利益を受け取るのか、その配分の選択
から、あなたがどれくらい相手を考慮に入れて選択してい
るのかを判定します。

配分の決め方には、様々な考え方がありえます。例え
ば、相手のことはさておき、自分がいくらの利益を得られ
るのかだけに関心がある人もいるでしょう。これは言い換
えると、相手がどうなろうと自分の利益が高いほどよいと
いう人です。このような人は**利己的**（selfish）なタイプだ
といえるでしょう。

　一方で、世の中の多くの人は、多かれ少なかれ相手のこ
とを考慮します。つまり、何らかの意味での社会的選好を
もっています。もちろん、そのあり方は様々です。自分の
利益が相手の利益より多い場合には相手のことなど全く考
慮しませんが、自分の利益が相手より少ないと、とたんに
相手のことを羨んでしまう。こうしたタイプを**羨望的**
（envious）といいます。

　その他にも、つねに自分の利益が相手の利益よりも多く
ないと気が済まない**競争的**（competitive）なタイプ、反
対に自分の利益がつねに相手の利益よりも少なくないと落
ち着かない**利他的**（altruistic）なタイプもいます。

　それ以外にも、相手の利益が自分の利益より少ない場合
には相手のことを全く考慮しませんが、相手の利益が自分
の利益より多い場合には相手にもっと利益を与えようとし
てしまう**こびへつらい的**（kiss-up）なタイプ、反対に、
相手の利益が自分の利益より多い場合には相手のことを考
慮しませんが、相手の利益が自分の利益より少ない場合
に、相手からさらに利益を奪おうとする**弱い者いじめ的**
（kick-down）なタイプもいます。

　意思決定理論や**行動経済学**の研究でポピュラーなのは、
相手の利益が自分の利益より多い場合には妬みを抱き、自

分の利益が相手の利益よりも多い場合には後悔の念を抱く**不平等回避的**（inequality averse）なタイプです。このタイプの人は、自分と相手の利益が平等に近づくほどよいと考えているわけです。これと正反対な人もいます。それは**平等回避的**（equality averse）なタイプと呼ばれます。自分の利益が相手より多くても少なくても、自分と相手の利益が平等であるよりはよいと考えるタイプです。

　この他、**マキシミン的**（maximin）と呼ばれるタイプも考えることができます。これは元々、哲学者のジョン・ロールズ（John Rawls, 1921-2002）が提唱したもので、こちらも大変ポピュラーな考え方です。このタイプは、各配分について、自分でも相手でもどちらの利益でもかまわないのですが、とにかく少ない方の利益だけに注目し、それを互いに比較して、各配分での少ない方の利益（min）が、全ての配分の中で一番大きい（max）、そういう配分を選びます。例えば、実験12の組番号1では、選択肢Aでは自分に800円、相手に1300円の配分額、選択肢Bでは自分にも相手にも1000円の配分額になっています。この場合、選択肢Aで少ない方の金額は800円、選択肢Bでは1000円ですから、選択肢Bの方が少なくもらう人の金額が多いので、マキシミン的なタイプの人は選択肢Bを選ぶと考えられます。

　それでは皆さんの回答から、社会的選好が上記の9つのタイプのうちのどれであるかを判定しましょう。さらに、その判定結果に基づき、皆さんの社会的選好を表す効用関数を特定化します。

　なお、すでに見た通り、実験12を通じて分類される9つ

のタイプには、意思決定理論でこれまで研究されてきた社会的選好がしっかりと含まれていますから、冒頭で説明したSVOの問題点をすべて解消した測定手法となっているのがわかると思います。

■社会的選好の判定法

　それでは実験12での回答結果から、皆さんの社会的選好が、「利己的、羨望的、競争的、利他的、こびへつらい的、弱い者いじめ的、不平等回避的、平等回避的、マキシミン的」の9つのタイプのいずれであるかを判定します。

　まず、実験12におけるそれぞれの選択をもう一度見直してください。実験12の前半でも、実験12の後半でも、最初の組番号（1と6）では、選択肢Bが選択肢Aよりも魅力的ですが、組番号が進むにつれて、その関係は逆転し、後半では選択肢Aが選択肢Bよりも魅力的になっているはずです。したがって、中間のどこかの組で選択肢BからAへと選択がスイッチしたのではないでしょうか（もちろん、最初から最後まで選択肢BないしAを選び続ける人もいると思います）。

　そこで、まず組番号1から5までの選択において最初に選択肢Aにスイッチした組番号をN_x、次の組番号6-10において最初に選択肢Aにスイッチした組番号から5を引いた値をN_yとして、次のx, yの値を求めてください。

$$x = 3.5 - N_x$$
$$y = N_y - 3.5$$

　例えば、組番号3で選択肢Aにスイッチした場合、$N_x = 3$

なので$x=0.5$となります。次に組番号9で選択肢Aにスイッチした人は、$N_y=9-5=4$なので$y=0.5$となります。

　いま求めたx, yの値の組み合わせから、あなたの社会的選好のタイプは、次の表3-4のように分類されます。

表3-4.　社会的選好のタイプ判別表

$x<-0.5$	$y<-0.5$	競争的
	$-0.5 \leq y \leq 0.5$	羨望的
	$0.5<y$	不平等回避的
$-0.5 \leq x \leq 0.5$	$y<-0.5$	弱い者いじめ的
	$-0.5 \leq y \leq 0.5$	利己的
	$0.5<y$	マキシミン的
$0.5<x$	$y<-0.5$	平等回避的
	$-0.5 \leq y \leq 0.5$	こびへつらい的
	$0.5<y$	利他的

　例えば、先ほど例に挙げた選択結果は、$x=0.5$と$y=0.5$でした。したがって、この人の社会的選好のタイプは**利己的**だと判定されることになります。

　なぜこのように社会的選好のタイプが判別されるのか、その理論的根拠については、第3章の補論Cで詳しく説明していますので、興味のある方はそちらをご覧ください。

■効用関数の推定

　先ほどのように、実験12の2つの回答から社会的選好のタイプが判別できましたが、今度はそれぞれの社会的選好

を表現する**効用関数**の測定に進みましょう。

　ここで、社会的選好を表現する効用関数とは、実験12の各選択肢における自分が受け取る額mと相手が受け取る額oの組み合わせである配分（m, o）について、あなたにとっての主観的な満足度、つまり、効用を表す関数のことです。

　ここでは、意思決定理論でよく使用されている、以下の式（14）の効用関数と仮定します。

$$u(m, o) = \begin{cases} (1-\sigma)m + \sigma o & if \quad m \leq o \\ (1-\gamma)m + \gamma o & if \quad m > o \end{cases} \quad \cdots\cdots(14)$$

　この効用関数の特徴は、横軸にm、縦軸にoを取ってグラフを描くと、傾きの違う直線を組み合わせた折れ線のような形状（専門的には区分的線形（piecewise linear）といいます）になるという点にあります。

　具体的には、この効用関数は、自分への配分額mが相手への配分額o以下（$m \leq o$）となる「自分が不利な場合」と、その逆に「自分が有利な場合」（$m > o$）とで傾きが変わる2つの直線の組み合わせから成り立っています。

　いずれの場合も、自分が感じる効用のレベルは自分への配分額mと相手への配分額oの両方によって決まりますが、このうちどちらの配分額をより重く評価するか、その割合がσとγという数値（パラメータ）によって表されています（$\sigma < \gamma < 1$）。このパラメータの値が、皆さんの社会的選好のタイプ、つまり、相手が受け取る額をどれだけ考慮しているかを反映しているわけです。

　さて、この効用関数と先ほど説明した社会的選好のタイ

プとを関係付けてみましょう。

　例えば、$\sigma=\gamma=0$の場合を考えますと、このとき、効用関数は相手への配分額oの大きさに関係なく、次のような定数mの直線になります。

$$u(m, o)=m$$

　つまり、相手への配分額に関係なく、自分の配分額が多いほどうれしいということになるので、これは**利己的なタイプ**の効用関数になります。

　次に、$\sigma<0, \gamma=0$の場合を考えます。この場合、自分が有利な場合には効用関数は相手への配分oの大きさに関係なく定数mとなり、自分が不利な場合には自分への配分に相手よりも多くの重み（$1-\sigma>1$）がかかった次のようなものになります。

$$u(m, o)=\begin{cases}(1-\sigma)m+\sigma o & if \quad m\leq o \\ m & if \quad m>o\end{cases}$$

　これは**羨望的なタイプ**の効用関数の例になります。

　こびへつらい的なタイプは、相手への配分額が自分への配分額より少ない場合には相手のことをまったく考慮しませんが、相手への配分額が自分への配分額より多い場合には相手にもっと配分を与えようとしてしまうタイプなので、羨望的なタイプの効用関数とは、自分が不利な場合の重みσの符号が逆になった効用関数（$\sigma>0, \gamma=0$）になります。

　弱い者いじめ的なタイプは、自分が有利な場合と不利な場合での行動が、羨望的なタイプとちょうど正反対になるので、その効用関数は$\sigma=0, \gamma<0$となります。

マキシミン的なタイプは、いつでも不利な立場にある方の状態をよくしたいというタイプですので、弱い者いじめ的なタイプの効用関数と自分が有利な場合の重み γ の符号が逆になった効用関数（$\sigma=0, \gamma>0$）になります。

　次に、$\sigma<0, \gamma>0$ の場合を考えると、この場合、式（14）において自分が不利な場合には自分への配分によりも多くの重み（$1-\sigma>1$）、自分が有利な場合には相手への配分により多くの重み（$\gamma>0$）がかかったものになります。これは**不平等回避的なタイプ**の効用関数になりますね。

　平等回避的なタイプは、不平等回避的なタイプとちょうど正反対なので、その効用関数は逆の符号（$\sigma>0, \gamma<0$）をもつものになります。

　利他的なタイプの効用関数は、式（14）において自分が不利な場合には相手への配分により多くの重み（$\sigma>0$）、自分が有利な場合にも相手への配分により多くの重み（$\gamma>0$）がかかったものになります。

　競争的なタイプの効用関数は、利他的タイプとはちょうど正反対の符号（$\sigma<0, \gamma<0$）をもったものになります。

　このように、各社会的選好のタイプは、式（14）の効用関数のパラメータ σ と γ の組み合わせによって表現できることがわかります（表3-5）。

表3-5. 社会的選好のタイプと効用関数のパラメータ

競争的	$\sigma < 0$	$\gamma < 0$
羨望的	$\sigma < 0$	$\gamma = 0$
不平等回避的	$\sigma < 0$	$\gamma > 0$
弱い者いじめ的	$\sigma = 0$	$\gamma < 0$
利己的	$\sigma = 0$	$\gamma = 0$
マキシミン的	$\sigma = 0$	$\gamma > 0$
平等回避的	$\sigma > 0$	$\gamma < 0$
こびへつらい的	$\sigma > 0$	$\gamma = 0$
利他的	$\sigma > 0$	$\gamma > 0$

　次に、実験結果から自分の効用関数がどのタイプであるのか、そしてパラメータ σ や γ がどういう範囲に属するのかを調べてみましょう。そのために、この解説の冒頭で定義した x, y の値を用います。

　この x, y の値とパラメータ σ, γ との対応関係を表したのが、表3-6です。

表3-6. x, y の値とパラメータ σ, γ との対応関係

組番号	xの値	σの範囲	組番号	yの値	γの範囲
1	2.5	$0.4 \leq \sigma$	6	-2.5	$\gamma < -2$
2	1.5	$0.25 \leq \sigma < 0.4$	7	-1.5	$-2 \leq \gamma < -0.5$
3	0.5	$0 \leq \sigma < 0.25$	8	-0.5	$-0.5 \leq \gamma < 0$
4	-0.5	$-0.5 \leq \sigma < 0$	9	0.5	$0 \leq \gamma < 0.25$
5	-1.5	$-2 \leq \sigma < -0.5$	10	1.5	$0.25 \leq \gamma < 0.4$
なし	-2.5	$\sigma < -2$	なし	2.5	$0.4 \leq \gamma$

※組番号は、それぞれ選択肢Aにスイッチした番号。

　この表3-6でわかるのは σ や γ の取りうる範囲だけです。より精度の高い（より狭い範囲で）σ や γ の取りうる範囲を定める方法について詳しく知りたい方は、第3章の

補論Cを読んでください。

　とりあえずσやγの数値を1つに決めたい場合は、表3‐6に示された範囲の中間の値を用いるとよいでしょう。

　例えば、実験12の前半では組番号3で選択肢Aにスイッチした場合、σの範囲は$0 \leq \sigma < 0.25$ですので、その中間の値$\sigma = 0.125$を推定値とすればよいと思います。また、実験12の後半では組番号8で選択肢Aにスイッチした場合、γの範囲は$-0.5 \leq \gamma < 0$ですので、その中間の値$\gamma = -0.125$を推定値とすればよいと思います。すると、このような選択をした人の効用関数は、

$$u(m, o) = \begin{cases} \dfrac{7}{8}m + \dfrac{1}{8}o & if \quad m \leq o \\ \dfrac{9}{8}m - \dfrac{1}{8}o & if \quad m > o \end{cases}$$

となります。

　さて、この実験12でわかるように、自分の利益と相手の利益の配分に関する社会的選好には様々なタイプがあります。ここで大事なことは「人はみな異なる社会的選好をもっているが、その選好から見て自分にとって最も望ましい選択をしている」という意味で**合理的**なのだということです。

　伝統的な意思決定理論では、人は基本的に利己的なタイプだと仮定しています。こうした利己的な人と比べると、例えば、つねに他人に貢いでしまうような利他的な人は愚かだとか不合理だと評価されそうですが、それは誤りです。それぞれが異なる社会的選好のもとで、自分にとって最も

望ましい選択をしている限り、合理的な人なのです。

　したがって、この実験12で考えているような、自分と相手とで利益を配分しようという状況で他人と意見が分かれるときは、相手が不合理だとか愚かだといって腹を立てる前に、ひょっとしたら自分とは違う社会的選好をもった人なのかもしれない、と考えてみることにしましょう。

　そして、相手がどんなタイプであるのかを見極めるために、ぜひこの実験12を活用してみてください。また、それぞれのタイプにおける数理的な背景を知りたい方のために、第3章の補論Cを用意しました。

3 認知能力の測定

これまでの実験では、皆さんのリスク選好や時間選好、社会的選好など、効用関数を測定することを目的としていました。次の実験13と14は、これまでの実験とは少しタイプが違い、皆さんの**認知能力**（cognitive ability）を測定することを目的としたものとなっています。

認知能力といっても様々なものがあり、これまでにも心理学や認知科学などから多様な尺度が提案されてきました。

例えば、何桁の電話番号ならば瞬時に覚えることができるかといった課題では、人間の**短期記憶**の容量がどれくらいであるかが測定されます。これについては、**マジカル・ナンバー7**という有名な研究があり、人間の短期記憶の容量はだいたい7桁くらいだとされています。

類似の研究では、チェスや将棋の棋士にそれぞれのゲームの盤面に置かれた駒の配置を短い時間で覚えてもらい、後でその配置を再現してもらうという課題があります。

よく知られている結果では、それぞれのゲームで実際に生じうる局面（あるいは、実際の棋譜から採られた局面）については、プロ棋士がアマチュアよりも正確に記憶しているが、駒をランダムに配置した局面では、プロとアマチュアとの差は見られないというものがあります。

つまり、プロ棋士は定跡で生じる局面や過去の棋譜を膨大に暗記していて、よく見知った局面であればその特徴を瞬時にとらえることができますが、過去にほとんど、ある

いは全く生じなかった局面では一から記憶しなければならないので、アマチュアとそれほど成績は変わらないということです。

とはいえ、プロの棋士は何十手、何百手先を読んでその局面を頭の中で再現でき、そこから将来起こりうる局面同士を比較してより良い手を発見できると言われています。そういう意味で、プロ棋士はこうしたゲームでの**先読み**に長けているのだといえると思いますが、果たして普通の人よりも「頭が良い」のでしょうか？

これについてもいくつかの実験研究があり、プロ棋士は必ずしもチェスや将棋以外のゲームについては、他の人よりも「優れている」わけではなない、ということが知られています。やはり、プロ棋士の「**読みの深さ**」は、それぞれ専門とするゲームにおける知識や経験に裏打ちされた、**文脈特定的**な力だといえそうです（もちろん、色々な種類のゲームが得意なプロ棋士もいますが）。

これらの研究例では、人間の認知能力を記憶力や推論能力という尺度で測っています。本書のテーマである意思決定理論に関していえば、このうち**推論能力**が一番重要な関係があるといえます。

例えば、リスク選好の実験では、確率や期待値、期待効用を計算し比較するといった操作が必要ですし、時間選好の実験では将来手にする利益や損失を現在のものと比較する必要があり、どれくらい将来を見通しているか、**読みの深さ**も関係してくると考えられるからです。

そこで、特定のゲームや特定の文脈にあまり依存しない形で、こうした推論能力を測定するためのテストとして考

案されたのが、実験13や14です。

　これらの実験は、本書でこれまで取り組んできたタイプの実験とはずいぶん違うので、とまどったり、あるいは拍子抜けする人もいると思いますが、ぜひ取り組んでみてください。

実験13：ベルリン・ニューメラシー・テスト

　以下の問いに順番に答えてください。ただし、回答の際には電卓やメモは使用しないでください。

問1.

　ある小さな町に住んでいる1000人の住民のうち500人が合唱団のメンバーで、そのうち100人が男性です。また、合唱団のメンバーではない500人のうち300人が男性です。では、ランダムに選ばれた男性が合唱団のメンバーである可能性は何％でしょうか？　0から100までの整数で答えてください。

　　　　　　　　　　　　　　　　　　　　　　　　　　％

問2a.

　各面に1から5までの整数が描かれた五面体のさいころ1つを50回投げたとき、奇数（1、3、5）の目が出る回数は平均すると何回になるでしょうか？　整数で答えてください。

　　　　　　　　　　　　　　　　　　　　　　　　　　回

問2b.

　各面に1から6までの整数が描かれていますが、出る目

に偏りがある六面体のさいころを想像してください。この
さいころは、6の目が出る確率が他の目が出る確率の2倍
になっています。このさいころ1つを70回投げたとき、
6の目が出る回数は平均すると何回でしょうか？　整数で
答えてください。

|　　　　　　　　　　回 |

問3.

　ある森で採れるきのこは、20%が赤色、50%が茶色、
30%が白色です。赤色のきのこのうち20%には毒性があ
り、それ以外のきのこには5%に毒性があります。では、
この森の毒きのこが赤色である可能性は何%でしょう
か？　0から100の整数で答えてください。

|　　　　　　　　　　% |

実験14：認知熟考テスト

　以下の問いに順番に答えてください。ただし、回答の際
には電卓やメモは使用しないでください。

問1.

　1本のバットと1個のボールが合わせて110円です。
バットはボールよりも100円高いです。ボールはいくら
ですか？　整数で答えてください。|　　　　　　　円 |

問2.

　5台の機械が5個の製品を製造するのに5分かかりま

す。100台の機械が100個の製品を製造するには何分かかりますか？　整数で答えてください。

| 分 |

問3.

　湖には、スイレンの葉が浮かんでいます。毎日、スイレンの葉は2倍に増えていきます。スイレンの葉が湖全体を覆ってしまうのに48日かかります。では、スイレンの葉が湖の半分を覆うのに何日かかりますか？　整数で答えてください。

| 日 |

問4.

　太郎は100リットルの水を6日間で飲むことができます。花子は100リットルの水を12日間で飲むことができます。では、2人で100リットルの水を飲むには何日間かかるでしょうか？　整数で答えてください。

| 日 |

問5.

　次郎が試験を受けたところ、その成績はクラスで上から15位でかつ下から15位でした。クラスには何人の生徒がいるでしょうか？　整数で答えてください。

| 人 |

問6.

　ある人が1頭の豚を6000円で買い、それを7000円で売ります。それから、その豚を8000円で買い戻し、再度

9000円で売ります。この人はいくら稼いだでしょうか？
整数で答えてください。

　　　　　　　　　　　　　　　　　　　　円

問7.

　斎藤氏は2020年初頭に800万円投資して株式市場で
株式を購入しました。投資から6ヵ月後の7月17日、彼
が購入した株式は50％値下がりしました。斎藤氏にとっ
ては幸運なことに、7月17日から10月17日にかけて、
彼が購入した株式は75％値上がりしました。この時点
で、斎藤氏の状態は次のうちどれでしょうか？

a. 損得なし
b. 投資を始めた時点から見て儲けている
c. 損をしている

解説

■ベルリン・ニューメラシー・テスト

　実験13はベルリン・ニューメラシー・テスト（Berlin
Numeracy Test）と呼ばれているものです。おそらく、
皆さんにとって「ニューメラシー」というのは聞きなれな
い言葉だと思います。これは、文章の読み書きなどの読解
力や記述力といった能力を総合的に表す**リテラシー**
（literacy）との対比で、計算能力や数的な判断能力といっ
た能力を総合的に表す言葉です。

　本書でこれまで取り組んできた実験で考えてきた期待効

用や時間割引率などの計算には、いずれも数的な判断能力が関わってきます。このことから、ニューメラシーとリスク選好や時間選好との間には何らかの関係があるのではないかということが予想されます。

例えば、ニューメラシーが高いとよりリスク回避的になるでしょうか？　それともリスク愛好的になるでしょうか？　ニューメラシーが高いと現在バイアスを示さなくなるでしょうか？　この実験13の結果とこれまでの実験結果を比較することによって、こうした問いに答えることができるわけです。

これまでにもニューメラシーを測定するためのテストがいくつか提案されてきましたが、設問がやや易しく、実験参加者ごとの差が出にくい傾向があるということで、最近注目されているのがここで紹介したベルリン・ニューメラシー・テストです。

このテストは適度に難しいため、実験参加者ごとのスコア（得点）分布が散らばりやすく、かつ他の認知能力に関わるテストとの相関も高いので信頼がおける手法だといわれています。なお、テストの名称にベルリンとあるのは、考案者たちがベルリンの研究者だったからです。

さて、ベルリン・ニューメラシー・テストでは、最大で4問の問いが実験参加者に提示され、正答した場合を1、不正解の場合を0としてスコアを集計します。したがって、スコアは0点から4点までの範囲になります。このスコアが高いほど、ニューメラシーが高いということになります。

以下が、実験13の各設問に対する正解となります。皆

さんのスコアはいくらになりましたか？

正解

問1．25％

　町には男性が全体で100+300=400人います。また、男性の中で合唱団のメンバーは100人ですので、ランダムに選ばれた男性が合唱団のメンバーである可能性は、100/400=0.25、つまり、25％となります。

問2a．30回

　この五面体さいころを1回投げたときに、奇数（1, 3, 5）が出る確率は3/5=0.6です。このさいころを50回投げる場合、各試行は独立ですので、50回×0.6=30回となります。

問2b．20回

　この六面体さいころでは、6の目が出る確率は他の目の2倍です。このような場合、（1, 2, 3, 4, 5, 6, 6）と6が2面に書かれた七面体サイコロをイメージするとよいでしょう。したがって、このさいころを1回投げて6の目が出る確率は2/7です。このさいころを70回投げる場合、各試行は独立ですので、70回×$\frac{2}{7}$=20回となります。

問3．50％

　森で採れるきのこのうち20％が赤色で、かつそのうちの20％が毒きのこですので、赤色の毒きのこは0.2×0.2=0.04、つまり、4％ということになります。それ以外の

色のきのこが80％あり、そのうちの5％が毒きのこですから、0.8×0.05＝0.04、つまり、4％ということになります。したがって、赤色とそれ以外の色の毒きのこが同一の割合で存在するので、毒きのこが赤い色である可能性は50％となります。

　なお、ベルリン・ニューメラシー・テストの出題形式は、この本文におけるように、4問を順番にすべて答えてもらう形式と、Scratch（スクラッチ）のプログラムで提供されているようなその一部を答えてもらう形式があります。Scratchのプログラムでは、問1から始めて、正答すればより難しい問2b、不正解ならより易しい問2aに答えてもらうというように、正解・不正解に応じて出題の順番が変わり、かつすべての問いに答えなくても結果を出すことができます。考案者たちによる比較テストではScratchのプログラムのような形式の方がより正確な値が出やすいとされています。

■認知熟考テスト

　実験14は、**認知熟考テスト**（Cognitive Reflection Test, CRT）と呼ばれているものです。ベルリン・ニューメラシー・テストが確率の計算に関わる問いが中心であったのに対し、認知熟考テストではもう少し範囲が広い、算数的な問題が多いのが特徴です。

　このテストには、冷静に時間をかけて**熟考**すれば正解できるのに、**直観的**に即答しようとすれば間違ってしまう、そういう問題が集められています。

　つまり、このテストは、皆さんが問題文を読んですぐに頭に浮かんだ答えを即答する「うっかり屋さん」なのか、ちょっと待てよと、一度喉から出かかった答えを飲み込んで再度考え直してみる「**慎重派**」なのかを判別しようとしているのです。

　認知科学の世界では、人間の脳の情報処理には次のような2種類のシステムがあるとされています。

「システム1」：直観的・感情的な判断を司る
「システム2」：熟考（反省）的・理性的な判断を司る

　意思決定理論では、これまでの実験で見てきたリスク選好や時間選好、それに社会的選好の実験で指摘されてきた様々なバイアス、例えば、損失回避性や現在バイアス、あるいは利他性や不平等回避性などが、「システム1」に由来するのか、「システム2」に由来するものなのか、ということが研究されています。

　例えば、「システム1」に由来する直観的・感情的な判断によって損失回避的な選択や現在バイアスといったバイアスが導かれているのだとすれば、自分が「システム1」だとわかっている人は、自分はこうしたバイアスを犯しやすいタイプなのだということを**予見**し、それを**防止する対策を取る**ことができます。この点については、この解説の最後にもう少し詳しく説明します。

　さて、人間の認知的判断がどのシステムに由来するのかについて調べるための大掛かりな測定方法としては、脳神経科学やニューロ・エコノミクス（神経経済学）で活用されている **fMRI**（磁気共鳴機能画像法）などの脳活動を画

像診断したりする方法があります。

　しかし、もっと手軽に短時間で測定することでき、かつ信頼のおける尺度とされているのが、この実験14の認知熟考テストなのです。

　認知熟考テストは、もともと本書の例でいえば、問1から問3までの3問だけから構成されていました。これで十分に測定ができていたのですが、このテストがあまりにもよくできていて、かつ簡単に実施できることもあって、数多くの研究で使用され続けた結果、「もうみんなが正解を知っている」という状態になってしまいました。

　そこで、類似の問題で、かつ正答率等も近い別バージョンが開発されました。それが問4から問7になります。そのため、現在では、実験14で紹介した7問を同時に課すことが標準的な実験法になっています。

　さて、認知熟考テストでは、7問の問いが提示されて、正答した場合を1、不正解の場合を0としてスコアを集計します。したがって、スコアは0点から7点までの範囲になります。スコアが高いほど、熟考（反省）的・理性的な判断をするシステム2の傾向が高いということになります。

　以下が、実験14の各問に対する正解です。皆さんのスコアはいかがでしたか？

正解

問1．5円

　ボールの値段をx円とすると、バットは$x+100$円です。ボールとバットを合わせて110円になるので、

$2x+100=110$円から$x=5$円となります。

　この問1では、システム1の人は、ボールとバットを合計した値段110円からバットの値段100円を引いて10円と誤答する傾向があります。

問2. 5分

　5台の機械で5個の製品を作るのに5分かかるということは、1台の機械で1個を作るのに5分かかるということです。したがって、100台の機械で100個の製品は5分でできるはずです。

　この問2では、システム1の人は、単純にすべての数を20倍にして100分と誤答する傾向があります。

問3. 47日

　スイレンの葉が湖全体を覆うまでに48日かかったわけですが、スイレンの葉は毎日2倍に増えるので、ちょうど前日に湖の半分を覆っていたはずです。したがって、47日が正解となります。

　この問3では、システム1の人は、48を2で割って24日と誤答する傾向があります。

問4. 4日

　太郎は6日で100リットル、花子は12日で100リットルの水を飲むということは、2人は12日で合計300リットルの水を飲むということです。したがって、2人で100リットルの水を飲むのに4日かかることになります。

　この問4では、システム1の人は、100リットルの水を

太郎が6日、花子が12日で飲むことから、2人ではその平均の9日になると誤答する傾向があります。

問5. 29人

上から数えて15番目までには15人、下から数えて15番目までにも15人いますが、上から15番目と下から15番目が同一の人だということに注意すると、15番目の次郎を重複して二度数えていますので、15+15-1＝29人が正解となります。

この問5では、システム1の人は、次郎を重複して数えていることを無視して30人と誤答する傾向があります。

問6. 2000円

最初の売買で7000-6000＝1000円の利益、次の売買で9000-8000＝1000円の利益を得ましたので、合計して2000円が正解となります。

この問6では、システム1の人は、6000円で買って7000円で売ったので1000円の利益となるが、7000円の豚を8000円で買ったので1000円の損失なので差し引き0円、最後にそれを9000円で売って1000円の利益が残ったと誤答する傾向があります。

問7. c

800万円の投資額が最初の6ヵ月間で50%になったので400万円に目減りしましたが、その後75%値上がりしたので400万円×1.75＝700万円となり、100万円の損失が出ているので、正解はcです。

この問6では、システム1の人は、投資額そのものの変化を無視して増減率の-50%と75%だけに注目する結果、+25%だと考えてbと誤答する傾向があります。

■ナッジ

さて、実験13や14を通じて、自分自身がシステム1とシステム2のどちらに近いかがわかったと思います。それぞれの実験のスコアが高いほど、システム2に近いということです。

このようにして、自分のタイプを知ることで、特にシステム1の傾向が高いと判定された人は、意思決定において過ちをおかしやすいのですから、それを防止する手段を取りたいと思うはずです。最後に、その手段について説明したいと思います。

これまでも何度か説明してきたように、プロスペクト理論や双曲型の時間割引などに代表される、人間行動に対する心理学的な洞察を意思決定理論に組み込んだものは**行動経済学**と呼ばれていますが、そこでは**ナッジ**（nudge）と呼ばれる方策が提案されています。ナッジというのは「ひじでちょっと突く」という意味ですが、わずかな言葉の違いなどで**相手に気づきを与える**ような方策のことを指します。

この方策の背景の1つには、行動経済学において指摘されている**フレーミング効果**（framing effect）というものがあります。

有名な例としては、治癒が難しいある難病に対して「90%の人には効果がない治療薬」と説明されると服用が

躊 躇されますが、「10%の人が助かる治療薬」と説明されると服用を希望する人が増える、というものがあります。この場合、どちらの説明も結果的には同じことを述べていますが、亡くなる人の割合よりも助かる人の割合に焦点を当てた場合の方が治療薬への印象を良く感じる結果、服用者が増えるということです。これをフレーミング効果といいます。

　他の例としては、災害時の避難勧告や感染症予防のための行動変容を促すために使用された例があります、ここで思い出してほしいのは、第2章で紹介したプロスペクト理論の**確率重み付け関数**です。それは、人が意思決定する際には客観的な確率ではなく、小さな確率を過大評価し、大きな確率を過小評価するという心理的傾向があることを関数として表現したものでした。

　それで、このような確率評価をしている人は、災害時や重篤な感染症が流行しているときに、自分が被害に遭ったり感染したりする危険性を過小評価してしまう結果、ただ「避難してください」「外出を自粛してください」と説明しただけでは、「自分だけは大丈夫」と思ってしまうので、行動を起こさない可能性があります。

　そこで、「あなたが避難しないと他の人が危険に気づきません」「あなたが外出すれば他の人に感染させる恐れがあります」というように、自分だけでなく他人のことも視野に入れることでより客観的に危険を見積もることができるような説明に変えることで、人の行動を変えることができます（ここには**社会的選好**も関わってきます）。これがナッジの考え方です。

　また、なんらかのオプションを事前に強制的に設定することで行動を変容させるというのもナッジとしてよく用いられます。例えば、老後の生活のための資金を蓄えなければならないのに、なかなか貯金ができないという人もいるでしょう。これには、時間選好でいう**現在バイアス**が関わっています。毎月、給料日の前には「来月こそ貯金しよう」と計画するのですが、実際に給料日になるとついつい欲しいものを買ってしまい貯金できなくなってしまうという**「時間不整合性」**を示す人が現在バイアスをもっている人でした。このような場合、毎月の給与から天引きで財形貯蓄させることで、時間不整合的な行動を防ぐことができます。これもナッジです。

　このように、非金銭的なちょっとした手段で人の行動を変容させるような方策を広くナッジといいます。自分自身が陥りやすいバイアスをあらかじめ知っておけば、適切なナッジを用意することで、自分が望まない結末を避けることができます。

　そのためにも、自分が意思決定者としてはどのようなタイプであるのかを知ることが重要です。そのために、本書で紹介してきた数々の実験があるのです。

4　様々な選好が組み合わさった複合問題

　本書のこれまでの実験では、皆さんのリスク選好、時間選好や社会的選好、さらには認知能力について、個別に測定を行ってきました。

　しかし、考えてみれば、これら各種の選好は互いに関連しあっているはずです。

　例えば、フリマサイトなどでいらなくなった本や洋服を売るという状況を想定しましょう。これらが売れて臨時収入があったとき、その売上金を今すぐ使ってしまうのか、あるいは将来のために取っておくのか、そうした「**時間選好**」にかかわる選択をすることを考えてみます。

　そのような場合、皆さんならこの売上金をどうしようと考えるでしょうか？　ひょっとしたら、ふだん使っているパソコンやスマートフォン、あるいはエアコンなどが近い将来に壊れてしまい、買い替えなければならないという不安がよぎるかもしれません。すると、この売上金はとりあえず貯金しようと思うことでしょう。

　こうして考えてみると、売上金をすぐに使ってしまうか、将来のために取っておくかに関する時間選好の問題は、パソコンなどの家電製品が近い将来壊れてしまう可能性の下で売上金をどのように使うかという「**リスク選好**」の問題にも関係しているはずです。

　一般に、将来のことは誰にとっても未知ですから、必然的にそこにはリスクが関係しているといえるでしょう。

　この例は「**リスク選好と時間選好**」との間の関係を示す

ものでしたが、他にも「リスク選好と社会的選好」、「時間選好と社会的選好」など、これまで調べてきたそれぞれの選好の間にも関係があることを示すことができます。

「リスク選好と社会的選好」との関係では、保険加入がひとつの例になると思います。

保険は、もともと貿易を行う際に事故や盗難のために積み荷が失われるリスクに対する**相互扶助**として始まったとされています。それは、各保険加入者は、自分が被るかもしれない損害のリスクのためだけでなく、同じ保険の加入者が被るかもしれないリスクのためにも掛け金を支払っているからです。

つまり、事故や火災、盗難などの大きな損害のリスクがある場合には、人はたとえ本来的には利己的であるとしても互いに協力しあう方が得であるという考えが保険を成り立たせているといえます。

このように、リスクのある状況では、人は他人のことを考慮する社会的選好を示すということがいえそうです。

それでは、**「時間選好と社会的選好」**との間の関係についてはどうでしょうか？

「江戸っ子は宵越しの銭は持たない」という言葉があります。これは江戸っ子の気前良さを表す言葉ですが、江戸っ子でなくても、ギャンブルや宝くじでちょっと儲けたときなどに「ご祝儀だ！」と言って、人に食事をおごったりする人がいます。どうやら、人はお金を手に入れた瞬間には、気前よく他の人にも利益を配分する「社会的選好」を示す傾向があるようです。しかし、少し時間がたつとどうでしょうか？　時間経過と共に冷静になって、やっぱりこ

の儲けは自分だけのものにしようと考えを変えることもあるかもしれません。このように「時間選好と社会的選好」にもなにか関係がありそうです。

　さらに、「認知能力」も関係してくるでしょう。物事を熟考する人ほど、将来のリスクをよく見極め、リスクを回避する傾向があるかもしれません（リスク選好）。また、察しがよい人は、何かのことでつい他人に冷たくしてしまった場合には、相手が悲しんでいるかもしれないと同情の気持ちを抱いたり（社会的選好）、将来その相手が自分にどういう態度を取ってくるかその応答に思いを巡らしたりして（時間選好）、早めに相手と和解するなどの適切な対処ができるのではないでしょうか。

　以下の実験15では、リスク選好・時間選好・社会的選好が互いに関連しあった複合問題を扱っています。それでは、さっそく実験15に取り組んでみてください。

実験15：複合問題

　この実験では、あなたに無償で与えられる金額の組み合わせが、2つの選択肢AとBとして順に提示されます。
　全部で12組のうち一部の組み合わせでは、あなたとペアになったもう1人の相手への配分額も示されています。これらの金額は、ある一定の確率で得られるものであったり、ある時期に得られるものであったり、その両方だったりします。各組番号において、選択肢AとBとして示される金額のうち、あなたにとってよいと思う方をどちらか選んで、「選択」欄のAかBに丸を付けてください。

組番号	選択肢　　A	選択肢　　B	選択
1	現時点で100％の確率で900円を得る	現時点で80％の確率で1200円を得る	A or B
2	3ヵ月後に100％の確率で900円を得る	3ヵ月後に80％の確率で1200円を得る	A or B
3	現時点で100％の確率で1000円を得る	4週間後に100％の確率で1100円を得る	A or B
4	現時点で50％の確率で1000円を得る	4週間後に50％の確率で1100円を得る	A or B
5	100％の確率で自分に900円、相手に900円が配分される	50％の確率で自分に1600円、相手に900円が配分されるが、50％の確率で2人に何も配分されない	A or B
6	100％の確率で自分に900円、相手に1600円が配分される	50％の確率で自分に1600円、相手に1600円が配分されるが、50％の確率で2人に何も配分されない	A or B
7	100％の確率で自分に500円、相手に500円が配分される	100％の確率で自分に1000円が配分されるが、相手には何も配分されない	A or B
8	50％の確率で自分に500円、相手に500円が配分される	50％の確率で自分に1000円配分され、相手には何も配分されないが、50％の確率で2人に何も配分されない	A or B
9	現時点で自分に900円、相手に900円が配分される	3ヵ月後に自分に1200円、相手に900円が配分される	A or B
10	現時点で自分に900円、相手に1200円が配分される	3ヵ月後に自分に1200円、相手に1200円が配分される	A or B
11	現時点で自分に500円、相手に500円が配分される	現時点で自分に1000円が配分されるが、相手には何も配分されない	A or B
12	1年後に自分に500円、相手に500円が配分される	1年後に自分に1000円が配分されるが、相手には何も配分されない	A or B

解説

■リスク選好と時間選好との関係

さて、この実験15は、リスク選好、時間選好、社会的選好のそれぞれが相互に関係しあった複合問題になっています。

これらの問題の中には、わたしたちの直観的判断では妥当だと思えるものの、これまで紹介してきた期待効用理論や時間割引といった意思決定理論を使って考えると矛盾を示すものが含まれています。

ここで重要なのが「**属性間の独立性**」という基準です。実験15における皆さんの選択が意思決定理論から見て矛盾しているかどうかは、この基準に照らし合わせてみるとわかります。

属性間の独立性とは、簡単にいうと、選択肢に複数の属性が含まれているとき、こうした属性のうちの1つだけに注目すれば、その属性に関する優劣関係は、他の属性が同一であるなら、他の属性とは無関係に決まっているべきだということです。

例えば、組番号1と2に含まれている選択肢を比べてみます。これらの選択肢は、賞金が得られる「確率」、賞金が得られる「時期」といった異なる属性から構成されています。

この場合、賞金が得られる「時期」に関する属性が「現時点」であるときに、「確率」に関する属性が「100%」の方が「80%」よりも好ましいなら、「時期」に関する属性が「3ヵ月後」であるときにも「100%」の方が「80%」よ

りも好ましいものであるべきだ、つまり、「確率」に関する属性の優劣は「時期」に関する属性とは無関係だ、ということが属性間の独立性という基準になります。

　この属性間の独立性を一般的に述べると、次のようになります。いま属性Xには$X=x$と$X=x'$という2つの値があり、属性Yには$Y=y$と$Y=y'$という2つの値があるとします。このとき、属性XとYの両方を含んだ選択肢の比較において、

　　$Y=y$のとき、$X=x$であるような選択肢 (x, y) の方が
　　$X=x'$であるような選択 (x', y) よりも好ましい

　　$Y=y'$のとき、$X=x$であるような選択肢 (x, y') の方が
　　$X=x'$であるような選択 (x', y') よりも好ましい

という関係が成り立つなら、属性XとYとは独立であるということになります。

　この属性間の独立性という基準を満たしていないような選択をした場合には、これまで説明してきた意思決定理論とは矛盾したことが生じるということを次に確認していきたいと思います。

■組番号1と2の場合

　まず、組番号1と2の選択肢Aを相互に比べてみましょう。どちらの場合も、100％の確率で賞金額900円を得ることは共通していますが、賞金を受け取る時期は組番号1では「現時点」で組番号2では「3ヵ月後」となっている

点で異なっています。

選択肢Bについても、組番号1と2では、80％の確率で賞金額1200円を得ることは共通していますが、賞金を受け取る時期は組番号1では「現時点」で組番号2では「3ヵ月後」となっている点で異なっています。

言い換えれば、組番号1と2は、賞金を受け取る時期だけが異なるのです。したがって、属性間の独立性に従えば、賞金額を受け取る時期が「現時点」である組番号1で選択肢Aを選んだ人は、賞金額を受け取る時期が「3ヵ月後」である組番号2でも選択肢Aを選ぶべきだということになるはずです。

しかし、これまで行われてきた実験研究では、少なくない人が賞金を受け取る時期が「現時点」の下では100％の確率で賞金額900円を得ることの方を選ぶが、「3ヵ月後」の下では80％の確率で賞金額1200円を得ることの方を選ぶ傾向があると報告されています。したがって、この選択は属性間の独立性を満たしていません。

次に、この問題について、これまでの章で説明してきた意思決定理論を使って考えてみましょう。

まず、「リスク選好」については、第2章で紹介した、期待効用理論を特殊な場合として含むプロスペクト理論を想定します。一般に、確率pで賞金額xが得られる場合と、確率p'で賞金額x'が得られる場合の期待効用は、効用関数をu、確率重み付け関数をw^+とすると、それぞれ$w^+(p)u(x)$、$w^+(p')u(x')$となります。

また、t年後に得られる価値を現時点に割り引く際の時間割引率を$D(t)$とします。なお、指数型割引であろうと

双曲型割引であろうと、現時点での割引率は$D(0)=1$（つまり、現時点に受け取る価値は何も割引されない）となります。

さて、組番号1で選択肢Aを選ぶということは、現時点で100%の確率で賞金900円を受け取るくじに対する期待効用が、現時点で80%の確率で賞金1200円を受け取るくじに対する期待効用より大きいということですから、

$$D(0) \times w^+(1) u(x) > D(0) \times w^+(0.8) u(x')$$

これを整理すると、

$$u(x) > 0.8 u(x') \quad \cdots\cdots(15)$$

となります。

次に、組番号2で選択肢Bを選ぶということは、3ヵ月後に80%の確率で賞金1200円を受け取るくじに対する期待効用を現時点に換算した割引現在価値が、3ヵ月後に100%の確率で賞金900円を受け取るくじに対する期待効用を現時点に換算した割引現在価値より大きいということです。3ヵ月後つまり、1/4年後の価値を現時点に割り引く際の時間割引率は$D(1/4)$であることから、

$$D(1/4) \times w^+(0.8) u(x') > D(1/4) \times w^+(1) u(x)$$

これを整理すると、

$$0.8 u(x') > u(x) \quad \cdots\cdots(16)$$

となります。

しかし、式（15）と（16）は互いに正反対なので矛盾し

ています。このように属性間の独立性を満たしていない選
択は、これまで説明してきた意思決定理論から見ると矛盾
した選択ということになります。

　しかし、このような選択をする理由があるはずです。実
験7や8の「アレのパラドックス」に関する解説でも述べ
ましたが、実験の結果が理論と矛盾するときには、実験参
加者が愚かで間違っていると考えるのではなく、逆に理論
の方に何かこれまで見落としていた要因があると考えるべ
きです。

　それでは、組番号1では選択肢Aを、組番号2では選択
肢Bを選ぶという選択の背景にはどのような要因が考えら
れるでしょうか？

　このような選択は、現時点ではたとえ受け取る賞金の期
待値が低くてもリスクの少ない選択をし、3ヵ月後の将来
についてはたとえリスクがあろうと賞金の期待値が高い方
を選ぶということを意味しています。

　つまり、現実の意思決定では、リスク選好に関わる属性
と時間選好に関わる属性は独立なのではなく、人は受け取
る時期が将来になるほど、リスク回避的ではなくなるとい
う意味でリスク選好と時間選好との間には相互作用がある
ということです。

■組番号3と4の場合

　次に、組番号3と4とを比較してみましょう。これまで
の実験研究では、組番号3では選択肢Aが多く選ばれ、組
番号4では選択肢Bが多く選ばれる傾向があると報告され
ています。

　しかし、このような選択もやはり属性間の独立性という基準を満たしていません。

　具体的に、組番号3で選択肢Aを選んだ場合を考えてみます。この場合、現時点で100％の確率で賞金1000円を受け取るくじに対する期待効用が、4週間後に100％の確率で賞金1100円を受け取るくじに対する期待効用を現時点に換算した割引現在価値よりも大きいということになります。4週間後は1年の1/12であることから、4週間後の価値を現時点に割り引く際の時間割引率は$D(1/12)$となるので、先ほどと同じ記号を使うと、組番号3で選択肢Aを選ぶということは、

$$D(0) \times w^+(1)u(x) > D(1/12) \times w^+(1)u(x')$$

　これを整理すると、

$$u(x) > D(1/12)u(x') \quad \cdots\cdots(17)$$

という関係が成り立つことになります。

　また、組番号4で選択肢Bを選んだ人は、4週間後に50％の確率で賞金1100円を受け取るくじに対する期待効用を現時点に換算した割引現在価値が、現時点において50％の確率で賞金1000円を受け取るくじに対する期待効用よりも大きいということですから、

$$D(1/12) \times w^+(0.5)u(x') > D(0) \times w^+(0.5)u(x)$$

　これを整理すると、

$$D(1/12) \times u(x') > u(x) \quad \cdots\cdots(18)$$

となります。

　しかし、式（17）と（18）は互いに矛盾していますから、属性間の独立性を満たしていないこのような選択は、やはりこれまで説明してきた意思決定理論ではうまく説明できないということになります。

　しかし、多くの人は組番号3では選択肢Aを選び、組番号4では選択肢Bを選んでいるという事実は無視できませんので、やはり、リスク選好と時間選好との間には相互作用があるのだと考えるべきでしょう。

　そうすると、こうした選択は、100％確実に賞金が得られるリスクのない状況では、たとえ受け取る賞金額が少なくても現時点で賞金を受け取ることのできる「**現在バイアス**」のある選択をし、賞金を得る確率が50％というリスクのある状況では、4週間後により高い賞金額を得る方を選ぶ「**我慢強い選択**」をするということを意味します。このことから、人はリスクが高まると、我慢強くなるのだと考えられます。

■リスク選好と社会的選好との関係

　組番号5と6では、自分だけではなくもう1人の相手への配分額も意思決定に関係します。これはリスク選好と社会的選好とが関連しあった設問になっています。

　なお、組番号5でも6でも、相手の受け取る金額は一定のままで、自分に対する配分額とそれが得られる確率とが異なる場合が比較されています。

　したがって、属性間の独立性から、相手への配分額は自分の意思決定と無関係にならなければなりません。ところ

が、実験研究によると、組番号5では選択肢Aが多く選ばれるのに対して、組番号6では選択肢Bが多く選ばれる傾向があると報告されています。

このような選択は、属性間の独立性を満たしていません。まず、組番号5と6では相手への配分額は異なりますが、どちらの場合も選択肢Aは100%の確率で900円、選択肢Bは50%の確率で1600円となっています。このように、それぞれの選択肢で受け取るくじの内容は相手への配分とは無関係ですから、属性間の独立性に従えば、組番号5と6のどちらでも同じ選択肢を選ぶべきです。しかし、実際の選択ではこのように考えない人がいるということですね。

ここで、実験12で説明した社会的選好に関する効用関数を思い出してください。それは、以下の式（19）のような効用関数でした。

$$u(m, o) = \begin{cases} (1-\sigma)m + \sigma o & if \quad m \leq o \\ (1-\gamma)m + \gamma o & if \quad m > o \end{cases} \quad \cdots\cdots(19)$$

この効用関数は、自分への配分mが相手への配分o以下（$m \leq o$）という自分が不利な場合と、自分への配分mが相手への配分oより多い（$m > o$）という自分が有利な場合とで、傾きが変わる2つの直線の組み合わせから成り立っていました。

なお、自分と相手の配分額が同じ（$m = o$）場合には、

$$u(m, o) = m$$

となることに注意してください。

それでは、組番号5で選択肢Ａを選んだ場合を考えてみましょう。配分額を受け取る確率については、先ほどまでと同様に、プロスペクト理論で想定される確率重み付け関数πを仮定します。組番号5で選択肢Ａを選ぶということは、100％の確率で自分と相手にそれぞれ900円が配分されるときの期待効用が、50％の確率で自分に1600円、相手に900円が配分されるときの期待効用よりも大きいということですから、

$$w^+(1)\,u(900,\,900)>w^+(0.5)\,u(1600,\,900)$$

　つまり、それぞれの配分額を式（19）のuに代入すれば、

$$w^+(1)\times900>w^+(0.5)\times(1600-700\gamma)\quad\cdots\cdots(20)$$

ということになります。

　次に、組番号6で選択肢Ｂを選ぶということは、50％の確率で自分と相手に1600円が配分されるときの期待効用が、100％の確率で自分に900円、相手に1600円が配分されるときの期待効用よりも大きいということですから、

$$w^+(0.5)\,u(1600,\,1600)>w^+(1)\,u(900,\,1600)$$

　つまり、

$$w^+(0.5)\times1600>w^+(1)\times(900+700\sigma)$$

となります。ここで、確率重み付け関数に関しては一般に$\pi(1)>\pi(0.5)$となるので、

$$w^+(0.5)\times(1600-700\sigma)>w^+(0.5)\times1600-w^+(1)\times700\sigma$$

という関係が成り立つことが、次の関係式が導かれます。

$$w^+(0.5) \times (1600 - 700\sigma) > w^+(1) \times 900 \quad \cdots\cdots (21)$$

さて、この式（20）と（21）は、効用関数のパラメータが $\sigma = \gamma$ の場合、つまり、利己的なタイプの場合には明らかに矛盾します。なお、式（20）と（21）を結合すると、次のようになるので、

$$\frac{900}{1600 - 700\sigma} < \frac{w^+(0.5)}{w^+(1)} < \frac{900}{1600 - 700\gamma}$$

一般に $\sigma < \gamma$ である限り矛盾はありません。

ここで、実験12で分類された社会的選好のタイプのうち、この条件と矛盾しないのは、

　羨望的なタイプ（$\sigma < 0, \gamma = 0$）
　マキシミン的なタイプ（$\sigma = 0, \gamma > 0$）
　不平等回避的なタイプ（$\sigma < 0, \gamma > 0$）

になります（利他的なタイプ（$\sigma, \gamma > 0$）と競争的なタイプ（$\sigma, \gamma < 0$）も、$\sigma < \gamma$ であれば該当します）。

この実験15では、組番号5では自分だけ多くの配分を受けることよりも相手と同じ額の配分を望んでおり、組番号6では相手より少ない配分を受けることよりも相手と同じ額の配分を望んでいるという意味で、この実験参加者は**不平等回避的な選好**を示していると考えられそうです。

また、組番号5で選択肢Aを選ぶということは、50%の確率で1600円を得ることよりも確実に900円を得ることを選ぶ**リスク回避的**な行動であるのに対して、組番号6で選

択肢Bを選ぶということは、確実に900円を得ることよりも50％の確率で1600円を得ることを選ぶ**リスク愛好的**な行動になっていることにも注意してください。

　このように、配分が平等であるか不平等であるかがリスク選好を変えてしまうと考えられます。より具体的には、配分を平等にするためならば、リスク愛好的になるというリスク選好と社会的選好との間の相互作用があるということです。

■組番号7と8の場合

　組番号7と8もリスク選好と社会的選好とが関連した設問になっています。

　この場合、組番号7と8では、選択肢AとBとで自分と相手に配分される金額は同一です。違うのは、それらの配分が得られる確率が、組番号7では100％であるのに対して、組番号8では50％であるという点だけです。したがって、属性間の独立性から、組番号7と8の選択は同じにならないといけません。

　この場合も、これまでの実験研究では、組番号7では選択肢Aが多く選ばれ、組番号8では選択肢Bが多く選ばれる傾向があることが報告されています。

　組番号7で選択肢Aを選ぶということは、100％の確率で自分と相手にそれぞれ500円が配分されるときの期待効用が、100％の確率で自分に1000円、相手に0円が配分されるときの期待効用よりも大きいということですから、

$$w^+(1)u(500, 500) > w^+(1)u(1000, 0)$$

つまり、それぞれの配分額を社会的選好に関する効用関数を表す式（19）のuに代入すれば、

$$500 > 1000-1000\gamma \quad \cdots\cdots(22)$$

ということになります。

また、組番号8で選択肢Bを選ぶということは、50％の確率で自分に1000円、相手に0円が配分されるときの期待効用が、50％の確率で自分と相手に500円が配分されるときの期待効用よりも大きいということですから、

$$w^+(1)u(1000, 0) > w^+(1)u(500, 500)$$

つまり、

$$1000-1000\gamma > 500 \quad \cdots\cdots(23)$$

となります。

しかし、式（22）と（23）は互いに矛盾していますから、属性間の独立性を満たしていないこのような選択は、不平等回避的な選好を含むどのような社会的選好を考慮してもうまく説明できないということになります。

ここで注意してほしいのは、組番号7と8では、配分が得られる確率が100％か50％かの違いしかないということです。ここで、組番号7では選択肢Aが選ばれ、組番号8では選択肢Bが選ばれるということは、配分が得られる確率が下がると、つまり、よりリスクが高まると、人は不平等な選択をしてしまうということになります。このことから、人は配分を得るリスクが高まると、<u>不平等回避的ではなくなる</u>、ということがいえそうです。

■時間選好と社会的選好との関係

さて今度は組番号9から12を使って、時間選好と社会的選好との関係を探っていきましょう。

これまでの実験研究では、組番号9においては選択肢Aが、組番号10では選択肢Bが多く選ばれる傾向があると報告されています。なお、組番号9と10とでは、選択肢AとBとで自分が受け取る金額および受け取る時期は同じになっていて、相手の受け取る金額だけが違うことに注意してください。

したがって、属性間の独立性から、相手の受け取る金額は自分の選択には無関係であるはずなので、組番号9と10での選択は同一であるべきですが、実験の結果ではそうなっていないということです。

その理由を考えてみましょう。まず、組番号9で選択肢Aを選んだ場合を考えます。この場合、現時点で自分と相手にそれぞれ900円が配分されるときの効用が、3ヵ月後、つまり、1/4年後に自分に1200円、相手に900円が配分されるときの効用よりも大きいということになります。

これまでと同様の記号を使うと、このような選択は下記のように表すことができます。

$$D(0)u(900, 900) > D(1/4)u(1200, 900)$$

配分額を社会的選好を表す式（19）の u に代入すると、

$$900 > D(1/4) \times (1200 - 300\gamma) \quad \cdots\cdots(24)$$

となります。

次に、組番号10で選択肢Bを選ぶということは、3ヵ月

後に自分と相手に1200円が配分されるときの効用が、現時点で自分に900円、相手に1200円が配分されるときの効用よりも大きいということですから、

$$D(1/4)u(1200, 1200) > D(0)u(900, 1200)$$

つまり、

$$D(1/4) \times 1200 > 900 + 300\sigma$$

となります。時間割引率に関して一般に$D(0)=1>D(1/4)$となるので、

$$D(1/4) \times (1200-300\sigma) > D(1/4) \times 1200 - D(0) \times 300\sigma$$

という関係が成り立つことから、次の関係式が導かれます。

$$D(1/4) \times (1200-300\sigma) > 900 \quad \cdots\cdots(25)$$

さて、この式（24）と（25）は、効用関数のパラメータが$\sigma=\gamma$の場合、つまり、社会的選好が**利己的なタイプ**の場合には明らかに矛盾します。なお、式（24）と（25）とを結合すると、次のようになるので、

$$1200-300\gamma < \frac{900}{D(1/4)} < 1200-300\sigma$$

一般に$\sigma<\gamma$である場合には矛盾はありません。したがって実験12で分類された社会的選好のタイプのうち、この条件と矛盾しないのは、

羨望的なタイプ（$\sigma<0, \gamma=0$）

マキシミン的なタイプ　（$\sigma=0, \gamma>0$）

不平等回避的なタイプ（$\sigma<0, \gamma>0$）

となります（利他的なタイプ（σ, $\gamma>0$）と競争的なタイプ（σ, $\gamma<0$）も、$\sigma<\gamma$であれば該当します）。

　この実験の組番号9でAを選ぶということは、自分だけ多くの配分を受けることよりも相手と同じ額の配分を望んでいる場合あり、組番号10でBを選ぶということは相手より少ない配分を受けるよりも相手と同じ額の配分を望んでいると解釈できます。このことから、この実験参加者は**不平等回避的な選好**を示していると考えられそうです。

　逆に、組番号10で選択肢Aを選ぶということは、3ヵ月後に1200円を得ることよりも現時点で900円を得ることを選ぶ「**現在バイアス**」的な行動であるのに対して、組番号10で選択肢Bを選ぶということは、現時点で900円を得ることよりも3ヵ月後に1200円を得ることを選ぶ「**将来バイアス**」的な行動になっています。

　このように、配分が平等であるか不平等であるかが時間選好を変えてしまうのです。より具体的には、人は配分を平等にするためならば、将来バイアス的になるという意味で、時間選好と社会的選好の間には相互作用があるということです。

■**組番号11と12の場合**

　組番号11と12も時間選好と社会的選好とが関連した問題になっています。

　この場合、組番号11と12では、選択肢AとBとで自分と相手に配分される金額は同一です。違うのは、それらの配分が得られる時期が、組番号11では現時点であるのに対して、組番号12では1年後であるという点だけです。

　したがって、属性間の独立性から、組番号11と12の選択は同じにならないといけません。ここでも、これまでの実験研究では、組番号11では選択肢Ａが多く選ばれ、組番号12では選択肢Ｂが多く選ばれる傾向があることが報告されています。その理由について考えましょう。

　組番号11で選択肢Ａを選ぶということは、現時点で自分と相手にそれぞれ500円が配分されるときの効用が、現時点で自分に1000円、相手に0円が配分されるときの効用より大きいということですから、これまでと同じ記号を使うと、

$$D(0)u(500, 500) > D(0)u(1000, 0)$$

　ここで配分額を社会的選好を表す式（19）のuに代入すると、

$$500 > 1000-1000\gamma \quad \cdots\cdots(26)$$

ということになります。

　次に、組番号12で選択肢Ｂを選ぶということは、1年後に自分に1000円、相手に0円が配分されるときの効用の割引現在価値が、1年後に自分と相手に500円が配分されるときの効用の割引現在価値よりも大きいということですから、

$$D(1)u(1000, 0) > D(1)u(500, 500)$$

　つまり、

$$1000-1000\gamma > 500 \quad \cdots\cdots(27)$$

　しかし、式（26）と（27）は互いに矛盾していますから、属性間の独立性を満たしていないこのような選択は、

不平等回避的な選好を含むどんな社会的選好を考慮しても
うまく説明できないということになります。

　ここで、組番号11と12との違いは、配分が得られる時
期が現時点か1年後かだけです。組番号11では選択肢A
が選ばれ、組番号12では選択肢Bが選ばれるということ
は、人は配分を得る時期が遅くなると、不平等回避的では
なくなる、ということがいえそうです。

■リスク選好・時間選好・社会的選好・認知能力の統一

　このように、これまでの実験結果によれば、リスク選
好・時間選好・社会的選好は互いに独立なのではなくて、
むしろ相互に関連していて意思決定に影響をもたらしてい
ます。

　それでは、本書のこれまでの実験でリスク選好・時間選
好・社会的選好に関する効用関数を個別に測定してきたこ
とは無意味だったのでしょうか？　そうではありません。

　それぞれの効用関数の測定は、特に実験10から12まで
は他の選好からは影響を受けないような形で、具体的には
ノンパラメトリックな手法で測定されていました。

　したがって、こうして得られた効用関数は、この実験
15を通じて指摘されたような問題を回避した形で測定でき
ているので、これらの結果を統合しても問題ありませ
ん。

　そこで、この実験15で見られたような矛盾した選択も
うまく説明できるような統一理論を、実験10から12によ
って測定された効用関数から作成することを考えてみたい
と思います。また、実験13と14で測定された認知能力も

ここに取り入れます。

　統一理論を作るために、まず実験15の各選択肢を次の選択肢Zのように一般化します。

選択肢Z

　時点tにおいて、確率pで自分と相手に賞金額m, oが配分されるが、確率$1-p$で自分と相手に賞金額m', o'が配分される

　効用関数uは、自分と相手の配分が関係する場合には、一般的には式（19）の社会的選好を反映したものとし、自分と相手の賞金額が0の場合の効用は0、つまり$u(0, 0)=0$とします。また、自分の配分だけが問題の場合は、式（19）が（区分的に）線形であったことから、これと統一的にするために、効用関数は線形の$u(x)=x$、つまり、**リスク中立的**なものだと考えておきましょう（$m=o$の場合も同じ）。

　その上で、人は直観的・感情的でバイアスのある選択をする「**システム1**」に従う人と、冷静に熟考して決断を下す合理的な「**システム2**」的思考をする人とがいるものとします。

　システム1に従う人は、リスクのある状況では**プロスペクト理論**に従い、賞金が得られる確率については客観的な確率ではなく、確率重み付け関数$w^+(p)$によって変換された**ゆがみのある確率**を用い、将来時点に受け取る効用を**時間割引**し、自分と相手の配分額の両方に関心をもつ社会的選好、特に、**不平等回避的**な選好をもつ人なのだと考えます。

したがって、システム1に従う人が選択肢Zを選んだときの効用 $V_1(Z)$ は、次のようになるでしょう。

$$V_1(Z) = D(t)[w^+(p)u(m, o) + w^+(1-p)u(m', o')] \quad \cdots\cdots(28)$$

一方、システム2に従う人は、**期待効用理論**に従った選択をするものと考えます。また、現在バイアスも将来バイアスも示さないものとして、将来時点に受け取る利益を一**切割引せず**、また、他の相手への配分額には目もくれず、ひたすら自己の利益だけを最大化しようとする**利己的な人**だと考えます。

したがって、システム2に従う人が選択肢Zを選んだときの効用 $V_2(Z)$ は、$D(t)=1, w^+(p)=p, w^+(1-p)=1-p, u(x)=x$ から、次のようになるでしょう。

$$V_2(Z) = pm + (1-p)m' \quad \cdots\cdots(29)$$

もちろん、多くの人はこれらの中間で、システム1とシステム2の混合状態で判断をしていると考えられます。このような人が選択肢Zを選んだときの効用 $V(Z)$ は、先ほどの効用関数 V_1 と V_2 とを変数 θ で結び付ければ、次のように表せるでしょう。

$$V(Z) = (1-\theta)V_1(Z) + \theta V_2(Z) \quad \cdots\cdots(30)$$

ここで、$\theta=1$ ならばシステム2、$\theta=0$ ならばシステム1、$0<\theta<1$ ならばシステム1と2の中間の人を表すことになります。したがって、この変数 θ はその人の合理性の程度を表す尺度だといえるでしょう。

これが、リスク選好・時間選好・社会的選好・認知能力

に関するこれまでの実験結果を総合した意思決定の統一理論ということになります。

■実験データからの効用関数の特定

それでは、これまで実施してきた皆さんの実験結果から、皆さんの効用関数（式（30））がどのようなものになるかを調べてみましょう。

まず、変数 θ については、認知能力の尺度として実験14で実施された**認知熟考テスト**（CRT）のスコアを用いることにしましょう。全部で7問のうちどれだけ正答できたか、その正答率 $\theta(0 \leq \theta \leq 1)$ を次のようにして求めます。

$$\text{正答率}\,\theta = \frac{\text{正答した問題の数}}{7}$$

この正答率が高いほど認知能力（合理性）が高いものと考えます。

仮に、あなたのCRTの成績が7問中2問正解だったとすれば、

$$\theta = \frac{2}{7} = 0.286 \quad \cdots\cdots(31)$$

となります。したがって、$1-\theta = 0.714$ となります。

確率重み付け関数 $w^+(p)$ については、実験10で使用した以下のカーネマンとトベルスキーの推定値を用いましょう。

$$w^+(0.5) = 0.454 \quad \cdots\cdots(32)$$

ただし、$w^+(0) = 0,\ w^+(1) = 1$ です。

時間割引率については、実験11の解説の最後で紹介し

た、現在バイアスと将来バイアスの両方を表現できる次の
関数形を仮定しましょう（ただし、$D(0)=1$）。

$$D(t)=0.5e^{-\rho t}-0.5e^{\rho t}+1 \quad \cdots\cdots(33)$$

　もし、時間選好に関するあなたの回答が実験11の実験
例（表3‐2）の通りなら、$\rho=0.043$という値がRのプログ
ラムによって推定されますので、この値を用いましょう。

　社会的選好については、不平等回避的な場合を仮定しま
す。この場合、実験12によれば、社会的選好を表す効用
関数のパラメータσとγの範囲は、

$$\sigma<0,\ \gamma>0$$

となります。ここでは、σとγの値は、それぞれが次のよ
うな値だったとしましょう。つまり、

$$\sigma=-1.0,\ \gamma=0.8 \quad \cdots\cdots(34)$$

　これら式（31）‐（34）のパラメータの値を効用関数を表
す式（28）‐（30）に代入すると、あなたの効用関数Vが
具体的に特定化されたことになります。

　こうして、あなたの効用関数が特定されれば、今度はそ
れを使って、まだ答えていない設問に対して、あなたなら
どのような選択をするのかを**予測**することができます。

　例えば、この実験15の組番号7をまだ解いていないもの
とします。上記で求めた効用関数をもつあなたならどのよ
うな選択をするのかを予測してみましょう。

　まず、式（30）は、認知能力に関する測定結果である式
（31）を代入すると、

$$V(Z)=0.714V_1+0.286V_2$$

となります。

選択肢Aでは現時点で100%の確率で自分と相手に500円が配分されるので、確率については$p=1$, $1-p=0$、賞金額については$m=o=500$で、$m'=o'=0$となります。そこで、システム1および2の効用関数（式（28）（29））は、$D(0)=1$, $w^+(1)=1$と社会的選好を表す効用関数（式（19））から、

$$V_1(A)=D(1)\,w^+(1)\,u(500, 500)=500$$
$$V_2(A)=p\times500+(1-p)\times0=500$$

となり、選択肢Aに対する効用$V(A)$は、式（28）（29）を式（30）に代入して

$$V(A)=0.714\times500+0.286\times500=500$$

となります。

選択肢Bでは現時点で100%の確率で自分に1000円、相手に0円が配分されるので、システム1および2の効用関数（式（28）（29））は、式（34）から社会的選好に関するパラメータの値$\gamma=0.8$を使うと、

$$V_1(B)=D(1)\,w^+(1)\,u(1000, 0)=1000-1000\times0.8$$
$$V_2(B)=p\times1000+(1-p)\times0=1000$$

となり、選択肢Bに対する効用$V(B)$は、式（28）（29）を式（30）に代入して

$$V(B)=0.714\times200+0.286\times1000=428.8$$

となります。したがって、$V(A)>V(B)$なので、あなたは選択肢Aを選ぶはずです。

同様にして、組番号8については、選択肢Aでは50%の

確率で自分と相手に500円が配分されるので、そのときのあなたの効用 $V(A)$ は、$w^+(0.5)=0.454$ から、

$$V(A)=0.714×0.454×500+0.286×500=305.1$$

選択肢Bでは50％の確率で自分に1000円、相手に0円が配分されるので、そのときのあなたの効用 V_B は、

$$V(B)=0.714×0.454×200+0.286×1000=350.8$$

となります。したがって、$V(A)<V(B)$ なので、あなたは選択肢Bを選ぶはずです。

これは、先ほどの実験15の解説で、属性間の独立性を満たしていないので矛盾があるとされた、組番号7と8の実験結果と同じであることに注意してください。つまり、式（28）‑（30）で表される効用関数を用いれば、このような選択でも矛盾がないということです。

実験15の他の組番号についても、本書のこれまでの実験結果に基づいて特定化された皆さん自身の効用関数を用いれば、どのような結果が予測されることになるのか、ぜひ確かめてみてください。

第3章のまとめ

　この第3章では、第1章と第2章の主題であったリスク選好から離れて、時間選好や社会的選好、それに認知能力を測定する実験を行い、最後にそれらすべてを統合した意思決定に関する統一理論を提示しました。

　ここで、それぞれの実験によってどのようなことがわかるのか、もう一度整理してみましょう。

　まず**実験11**では、**時間選好**を測定する実験を行いました。現時点で利益（または損失）を受け取るのか、あるいは将来の時点で少し割り増しされた利益（または損失）を受け取るのか、そのどちらを望むのかを表すのが時間選好です。ここで重要になってくるのは、将来受け取る利益（または損失）を現時点での価値に換算する（割引する）**時間割引率**です。この時間割引率については、通常**指数型割引**と、それよりも将来の利益（または損失）を多く割り引く、言い換えれば、現時点での利益（または損失）を過大に評価するという**現在バイアス**の兆候を示す**双曲型割引**があることを説明しました。また、この現在バイアスを示す人は、事前に計画した際には最善だと考えていた選択を、実際に意思決定する期日がやってくると他の選択の方がよく感じてしまうという**時間不整合性**を示すことがある、ということも説明しました。

　実験12では、社会的選好を測定する実験を行いました。社会的選好とは、自分と他者とで利益（または損失）を分け合う際に、どのような配分を好むのかに関する選好

のことをいいます。社会的選好には、相手の配分に何の関心も抱かない**利己的**なタイプから、なるべく相手に分けてあげたいと願う**利他的**なタイプまで、様々なタイプを想定することができます。意思決定理論や行動経済学で最もポピュラーなのは、自分の方が相手よりも利益が少ないと妬みを感じ、逆に自分の方が相手よりも利益多いと後悔してしまうという**不平等回避的**なタイプです。この実験12では、こうした様々な社会的選好のタイプについて、従来、心理学を中心に広く用いられてきた**社会的価値志向性**（SVO）テストよりもさらに多様なタイプを識別できる手法を用いています。また、こうして識別された社会的選好のタイプからその**効用関数**を、（区分的に）線形な関数を仮定して特定化することも行いました。

実験13と**実験14**は、**認知能力**を測定するための実験でした。どちらも算数的な課題を通じて、直観的・感情的な意思決定を行う「システム1」型の人なのか、それとも熟考的・理性的な意思決定を行う「システム2」型の人なのかを判別しようとするものです。この中で、特に実験14の**認知熟考テスト**（CRT）は有名で、広く用いられてきました。実験14では現在最もよく用いられている課題数が7つのタイプを採用しています。

実験15では、これまでに個別に紹介してきたリスク選好・時間選好・社会的選好がそれぞれに関連しあった**複合問題**を取り上げています。わたしたちが日常直面する意思決定は、多かれ少なかれこうした複合問題になっています。そこで、この実験では、こうした複合問題に直面した人がどのような判断を下すのかを知ることを通じて、リス

ク選好・時間選好・社会的選好、さらには認知能力のすべてを統合した意思決定の統一理論がどのようなものになるのかを明らかにしました。**リスク選好**と**時間選好**とが複合した問題では、利益を受け取る時期が将来になるほどリスク回避的ではなくなる、リスクが高まると我慢強くなる、といった法則性が見出されました。**リスク選好**と**社会的選好**とが複合した問題では、配分を平等にするためならばリスク愛好的になる、配分を得るリスクが高まると、不平等回避的ではなくなる、といった法則性が見出されました。**時間選好**と**社会的選好**とが複合した問題では、配分を平等にするためならば将来バイアス的になる、配分を得る時期が遅くなると不平等回避的ではなくなる、といった法則性が見出されました。

　これらの法則性については、リスク選好や時間選好、社会的選好に関する理論を個別に適用すると矛盾した意思決定だと判定される場合がありました。そこで認知能力に関する実験を通じて、意思決定者がどれくらいの割合でシステム1とシステム2であるのかを識別した上で、意思決定の結果受け取る利益（または損失）を、**確率重み付け関数**（リスク選好）、**時間割引率**（時間選好）、そして**社会的選好**を表す効用関数を用いて評価するという一般的な効用関数を統一理論として提示し、それを用いることで実験15の結果は矛盾なく説明できることを示しました。

■本書の特徴と最低限行うべき実験

　さて、こうして長い道のりを経て、意思決定理論に関する主要な考え方を一緒に学んできました。なかには議論が

込み入っていたり、数学的にやや高度な部分があったりするためによくわからなかった部分もあるかもしれません。高校生にもわかるようにということを目標にしていましたが、1つひとつの議論（証明）は理解できても、議論が長くなると一体自分は何の証明をやっていたのか道に迷ってしまうということがきっとあるでしょう。その場合には、各章のまとめなどで議論の全体像を把握してから再度、各実験個別の解説を読み直していただければと思います。

また、本書では、意思決定理論に関する実験では最先端の考え方である**ノンパラメトリック**な手法を紹介することを目指してきました。ノンパラメトリックとは、実験結果から選好や効用関数を推定する際に、特定の関数の形状を仮定しないアプローチということです。この方が特定の関数形を仮定する従来の**パラメトリック**な手法よりも、適用範囲も広く、信頼性が高いと考えられています。

ただ、これまで意思決定理論に関して出版されてきた本と対照できるようにと、従来型のパラメトリックな手法にもかなりページを割いてきましたので、15個の実験のうちどれが大事なものなのかよくわからなかったという読者もいるかもしれませんし、15個の実験すべて行うだけの時間も気力もない、という人もいるかもしれません。

そこで、最低限どの実験を行えば皆さんの効用関数を推定できるのかをお伝えします。ずばり言えば、**実験11**（時間選好）、**実験12**（社会的選好）、**実験14**（認知熟考テスト）の3つだけです。この3つの実験結果だけから実験15の解説で紹介した一般的な効用関数を導き出すことができます。

■確率重み付け関数について

　なお、リスク選好に関係した**確率重み付け関数**については、実験15の解説でもそうしたように、カーネマンとトベルスキーがプロスペクト理論を前提とした上で推定した

$$w^+(0.5)=0.4540, \qquad w^-(0.5)=0.4206$$

か、あるいは期待効用理論における

$$w^+(0.5)=w^-(0.5)=0.5$$

を用いてください。ただし、どちらの場合も $w^+(0)=0$, $w^+(1)=1$ です。

　本書では確率重み付け関数を実際に測定する実験を紹介していません。その点は、読者にとって（著者にとっても）やや不満なところだと思います。なぜ紹介しなかったのかというと、その場合、確率に関してさらに様々な理論を述べなければならず、また、確率重み付け関数を推定するための複雑な統計手法についても説明しなければならなくなるためです。ただ、上記の値は多くの研究で用いられていますので、信頼して使用いただけるのではないかと思います。

■意思決定理論の使い道

　では、このように実験を通じて皆さん自身の効用関数を測定して、それからどうするの？　と感じている読者もいるかもしれません。

　この疑問に対する答えについては、これまでも何度か述べてきましたが、もう一度述べますと、効用関数を測定する目的は、そうして特定化された効用関数を使って、皆さんが将来行うであろう**選択を予測**することにあります。

これもこれまで何度も述べてきましたが、意思決定者は利益（または損失）が発生する確率とその利益（または損失）から受ける主観的満足度である効用を掛け合わせた値をすべての場合について足し合わせた**期待効用が最大**になる選択をすると考えられます。利益（または損失）が発生する確率は確率重み付け関数、利益（または損失）に対する効用は効用関数として表せます。

　そこで、まだ行っていない選択問題について、与えられた選択肢それぞれの期待効用を考え、それが最大になるような選択肢を皆さんは選ぶことになるはずです。このようにして、皆さんの将来の選択を予測するために意思決定理論が使えます。

　また、これも何度も述べてきたことですが、皆さんの選択の基準となる効用関数は人それぞれで違います。効用関数が違えば、当然期待効用が最大になる選択肢も異なります。そこで、あなたとは別の誰かの効用関数を測定すれば、その人がなぜあのような選択をしたのか？　という疑問に答えることができます。言い換えると、意思決定理論を使って、他の人の**行動や選択を理解**することができます。

　わたしたち研究者は、日々様々な実験課題を用いて人々の行動を観察し、その行動の背景にある動機や行動原理を探ろうとしています。その出発点になるのが、本書で紹介してきたリスク選好や時間選好、社会的選好になります。つまり、これらの選好から導かれる効用関数を人々の行動や選択に当てはめ、それを理解しようとしているのです。

　その際、わたしたち研究者は、どんなに不可解な意思決

定をしようとも、その実験参加者のことを愚かであるとか不合理であるとみなすことはしませんし、してはいけません。そうした不可解な選択は、相手が自分自身とは異なる効用関数をもっているためなのであって、どのような効用関数であれ、その下で期待効用を最大にするような選択をしているという意味で**合理的な選択**なのだと考えます。

　もちろん、うっかりミスをしたり、実験の内容を誤解したりする人もいます。こうした部分は、認知能力の違いとして意思決定理論に取り入れることができるということも説明してきました。この場合、慣習的に「認知能力が低い」という言い方をしていますが、これもある種の合理的な意思決定の結果だと理解することが可能です。

　それは、例えば、実験課題を理解するために説明を読む時間を取ったり、最善の選択は何かを考えるために課題に集中するためのエネルギーを使ったりしますが、こうして意思決定のために費やされる諸々のリソースは、意思決定者にとってみればすべて**コスト**だとみなせるでしょう。それと実験での選択の結果受け取る利益とを比較して、こうしたコストを費やす価値があると考える人は集中して実験に取り組む「システム2」的な人でしょうし、そうではない人はコストを掛けずに、つまり、ろくに説明を読む時間を取らず、何が最善かも考えることもしないで「システム1」的な意思決定で済ませることでしょう。これもまた、その人の期待効用を最大化する意思決定なのです。

　ルネ・デカルト（1596-1650）はその著書『方法序説』の中で次のように述べています。

「われわれの間での意見の食い違いは、ある人が別の人よ

りもより理性的だからなのではく、ただわれわれが様々な
道筋でその考えを導いているからであり、同じ事柄を考え
ているのではないからである」（第1部）

　ここで「理性的」という言葉は「合理的」と同じ意味で
す。デカルトは、われわれの間での考え方の違いは、合理
性の程度によるのではなく、物事をどのような見方で評価
するか、その効用関数が違うからなのだと言っているよう
に思います。

　また、本書の冒頭に引用した**パスカル**は、同じく『パン
セ』の中でこう述べています。

「人に間違っていることを示す場合には、その人が物事を
どういった方向から見ているかに注意すべきである。なぜ
なら、通常物事はその方向から見れば真実だからである」

　人が間違っているように見えても、実は自分とは違う方
向から見ている、つまり、自分とは違う効用関数で評価し
ている、ただそれだけのことなのだとパスカルも考えてい
たようです。

　本書の実験を通じて、皆さんが自分自身や周りの人々の
効用関数を知ることで、その選択や行動を予測したり、理
解したりすることができるようになれば、人を軽はずみに
愚かだと馬鹿にしたりすることもなくなるかもしれません
し、また、何より自分自身の意思決定に自信をもつことが
できるようになるでしょう。そして、もし自分自身の意思
決定に不満があるのなら、本書で紹介した多様な効用関数
の中からより自分に適したものを探して、より良い自分に
生まれ変わるきっかけにしていただければと思います。

コラム3
パサデナ・パラドックス

　本書の第2章では、期待値で考えると直観に反した結論が得られるサンクトペテルブルクのパラドックスを解消したはずの期待効用理論の下でも、賞金額を変更すれば依然としてこのパラドックスが発生することを見ました。さらに、期待効用理論が抱えている問題点を解消したはずのプロスペクト理論の下でも、やはりサンクトペテルブルクのパラドックスが発生する可能性があることも確認しました。

　このようにサンクトペテルブルクのパラドックスは意外とやっかいな代物なのです。

　さらに、哲学者の間では、サンクトペテルブルクのパラドックスの変形版が色々と議論されています。その1つが次の「パサデナ・パラドックス」です。本書の実験1と同じ形式にしましたので、皆さんならどのように答えるか考えてみてください。

パサデナ・パラドックス

　偏りのない公平なコインを1つ、表が出るまで投げ続けるというゲームを考えます。k回目に初めて表が出たとき、もしkが奇数ならば$2^k/k$（単位は百円）が得られますが、kが偶数ならば$2^k/k$（単位は百円）を支払わなければなりません。

　ここで、あなたはこのゲームに1回だけ参加する権利を無償で手に入れましたが、これを他の人に売ることにしました。さて、あなたなら、最低いくらでこのゲームの参加権を販売しますか？　0以上の

整数で答えてください。

実験1の場合と同様にして賞金の期待値を考えてみます
と、1/2の確率で1回目に表が出て$2^1/1=2/1$（百円）が得
られますが、1/4の確率で2回目に表が出て$2^2/2=4/2$（百
円）を支払わなければなりません。以下同様にして、

$$賞金の期待値=\frac{1}{2}\times2-\frac{1}{4}\times\frac{4}{2}+\frac{1}{8}\times\frac{8}{3}-\frac{1}{16}\times\frac{16}{4}+\cdots$$

$$=1-\frac{1}{2}+\frac{1}{3}-\frac{1}{4}+\cdots$$

となります。この最後の式のような数列を**交代調和級数**と
いいます。その和は$\ln2\sim0.69$に収束することが知られて
います。ここで$\ln$は自然対数です（自然対数については
数学の教科書を見てください）。

ここで、交代調和級数の和を計算していく順番を次のよ
うに変えてみますと、

$$賞金の期待値=1-\frac{1}{2}-\frac{1}{4}+\frac{1}{3}-\frac{1}{6}-\frac{1}{8}+\frac{1}{5}-\cdots\cdots\rightarrow\frac{1}{2}\times\ln2$$

となり、先ほどの半分の値になります。

実は、数学における**リーマンの級数定理**によれば、この
ような数列の場合、和を計算していく順番を変えれば$-\infty$
から$+\infty$までのどんな値にも収束することになります。

このように、賞金の期待値が計算の順番でどんな値にで
もなりえて、1つに定めることができないというのはわた
したちの直観的判断とは矛盾する、というのがこのパサデ
ナ・パラドックスになります。

これもまた、まだ十分納得できるパラドックス解消法が
まだ見つかっていない意思決定の問題になります。

あとがき

　本書では、期待効用理論やプロスペクト理論といった、意思決定理論における代表的な理論を学ぶにあたって、これらの理論の基礎となるリスク選好・時間選好・社会的選好から認知能力に至るまでを、実験によってどのように測定するのかに焦点を当てて説明してきました。

　こうした測定作業にはあまり関心がなかった読者もいるかもしれませんが、こうして自分自身の手で意思決定理論をその土台から実験的に検証していくことで得られることも多かったのではないでしょうか？

　教科書に書いている有名な理論であっても、それを鵜呑みにせず、自分で手を動かして計算し、自分の頭で考え、実験して確かめてから使うべきではないでしょうか？　そうでないと、わかったつもりになって実は正しくない場面でその理論を使ってしまい、間違った結論を下してしまうことにもなりかねないからです。また、何よりも自分の頭で一から検討することによって新しい発見があるものです。

　本書を読了した読者の皆さんにも色々な発見があれば幸いです。特に、期待効用理論の導入によって解消したと思われていた「サンクトペテルブルクのパラドックス」が、期待効用理論を改良したとされるプロスペクト理論の下で再び発生してしまうことなどは、初めて知った読者も少な

くないのではないでしょうか？

　なお、本書ではそれぞれの実験の前に、それが何を目的としたものであり、その実験によって何がわかるのかを「種明かし」していますが、わたしたちが研究目的で実験を行う際には、事前にこのような種明かしをすることは絶対にありません。事前に実験の目的を知らせることで、実験参加者の正直な反応が聞き出せなかったりするためです。本書の実験を教育や研究の場でご使用になる場合は、この点に気を付けていただければと思います。

　また、本書の実験をひと通り済ませた後、後日再度取り組んでみると、前とは違う判定結果になることもあると思います。それは、解説を読んで知識が増えたためかもしれませんし、その間に考え方が変化したためかもしれません。あるいは、給料日前と後とでは懐具合が違うからかもしれません。このように、わたしたちの選好は、生まれつきずっと変わらないものではなく、経験や成長に伴って変化していくものです。このような問題は最近、「選好の安定性」というテーマで議論されています。読者もまた後日、もう一度初めから実験をやり直し、自らを実験の被験者として「選好の安定性」の検証に取り組んでみてください。

　最後に、本書の企画から編集に至るまで、講談社の柴崎淑郎氏にはお世話になりました。本書の「最初の被験者」として率直な感想を述べて下さり、それをきっかけにして記述を改める機会が与えられたことを感謝しています。

2020年8月
Soli Deo Gloria

読書案内

　本書では、最先端の理論を中心に意思決定理論とその実験手法について述べてきました。本書では従来の手法についても折に触れて取り上げていますが、それでは不十分という読者もいるかもしれません。また、本書で取り上げなかった話題もありますので、決して網羅的なものではないですが、本書を読み終えた読者の皆さんにとって参考になる日本語文献をここでいくつかご紹介したいと思います。

　なお、本書執筆にあたっての参考文献一覧は、特設サイト（6ページ参照）から閲覧・ダウンロードできます。

入門書

(1) イツァーク・ギルボア『意思決定理論入門』NTT出版
(2) ダン・アリエリー『予想どおりに不合理』早川書房
(3) 多田洋介『行動経済学入門』日経文庫
(4) 依田高典『行動経済学―感情に揺れる経済心理』中公新書
(5) 友野典男『行動経済学―経済は「感情」で動いている』光文社新書
(6) 池田新介『自滅する選択』東洋経済新報社
(7) ジョージ・エインズリー『誘惑される意志―人はなぜ自滅的行動をするのか』NTT出版
(8) 川越敏司『行動ゲーム理論入門 第2版』NTT出版

　(1)は意思決定理論に関する世界的な権威である研究者が書いた入門書。本書と同様に実験を通じて段階的に学んでいくスタイル。本書では扱っていないトピックもあるので、ぜひ手に取ってほしい1冊。(2)から(5)はいずれも行動経済学の入門書。それぞれ重点の置き所やスタイル

は違いますが、本書で取り上げたリスク選好・時間選好・社会的選好についてやさしく学ぶことができます。(6) と (7) は時間選好、特に現在バイアスに特化した本。(8) には社会的選好に関して本書で取り上げなかった話題（互恵性や罪回避性など）が含まれています。

教科書・専門書

(1) イツァーク・ギルボア『合理的選択』みすず書房
(2) イツァーク・ギルボア『不確実性下の意思決定理論』勁草書房
(3) イツァーク・ギルボア、デビッド・シュマイドラー『決め方の科学—事例ベース意思決定理論』勁草書房
(4) 酒井泰弘『不確実性の経済学』有斐閣
(5) 林貴志『意思決定理論』知泉書館
(6) 筒井義郎、佐々木俊一郎、山根承子、グレッグ・マルデワ『行動経済学入門』東洋経済新報社
(7) マックス・H・ベイザーマン、ドン・A・ムーア『行動意思決定論—バイアスの罠』白桃書房
(8) 大垣昌夫、田中沙織『行動経済学』有斐閣
(9) 広田すみれ、増田真也、坂上貴之編著『心理学が描くリスクの世界—行動的意思決定入門 第3版』慶應義塾大学出版会
(10) 竹村和久『行動意思決定論—経済行動の心理学』日本評論社
(11) 川越敏司『実験経済学』東京大学出版会
(12) フランチェスコ・グァラ『科学哲学から見た実験経済学』日本経済評論社
(13) ピーター・モファット『経済学のための実験統計学』勁草書房

(1) から (3) は、すでに「入門書」のところでも紹介したギルボア教授による本。(1) は比較的易しい方ですが、(2) は大学院生や研究者レベルの専門書。(3) はギルボア教授らが提唱する事例ベース意思決定理論を紹介する本。(4) は期待効用理論を中心に伝統的な意思決定理論と経済学への応用を解説した専門書。(5) は日本人の意思決

定理論研究者による最新の研究書。（4）（5）ともに上級レベル。（6）から（8）は行動経済学に関する教科書スタイルの本。やさしい順に並べました。（9）（10）は心理学者が書いた意思決定理論の本。特に（9）は、本書と同様に実験をしながら学んでいくスタイルになっています。（11）から（13）は意思決定理論を含む経済実験に関する専門書。実験方法論から主要な理論と実験結果が詳しく解説されています。いずれも上級レベルの本です。

意思決定理論の現実への応用

（1）大竹文雄『行動経済学の使い方』岩波新書
（2）リチャード・セイラー、キャス・サンスティーン『実践 行動経済学』日経BP社
（3）キャス・サンスティーン、ルチア・ライシュ『データで見る行動経済学—全世界大規模調査で見えてきた「ナッジの真実」』日経BP社
（4）野口悠紀雄『金融工学、こんなに面白い』文春新書
（5）野口悠紀雄、藤井眞理子『金融工学—ポートフォリオ選択と派生資産の経済分析』ダイヤモンド社
（6）デービッド・G・ルーエンバーガー『金融工学入門 第2版』日本経済新聞出版
（7）ハーシュ・シェフリン『行動ファイナンスと投資の心理学—ケースで考える欲望と恐怖の市場行動への影響』東洋経済新報社
（8）ヨアヒム・ゴールドベルグ、リュディガー・フォン・ニーチュ『行動ファイナンス—市場の非合理性を解き明かす新しい金融理論』ダイヤモンド社
（9）ジェームス・モンティア『行動ファイナンスの実践—投資家心理が動かす金融市場を読む』ダイヤモンド社

　意思決定理論や行動経済学の現実世界への応用で最近注目されているのが、本書でも紹介した「ナッジ」です。ナッジとは、説明の文言変更などによって人にちょっとした

気づきを与えて行動変容を促す、非金銭的な政策手段のことですが、（1）から（3）はそうしたナッジの適用事例を紹介した本です。意思決定理論、特に伝統的な期待効用理論は金融工学の一部として投資の世界に広く応用されています。（4）は金融工学の入門書で（5）（6）はより専門的な教科書になります。期待効用理論を修正するプロスペクト理論など、行動経済学の手法を投資の世界に取り入れた行動ファイナンスについては（7）から（9）などを見てください。

古典的著作・伝記

(1) パスカル『パンセ』中公文庫
(2) アイザック・トドハンター『確率論史』現代数学社
(3) J・フォン・ノイマン、O・モルゲンシュテルン『ゲームの理論と経済行動』全3巻、ちくま学芸文庫
(4) マイケル・ルイス『かくて行動経済学は生まれり』文藝春秋
(5) リチャード・セイラー『行動経済学の逆襲』早川書房
(6) ダニエル・カーネマン『ファスト＆スロー』ハヤカワ文庫
(7) キース・E・スタノヴィッチ『現代世界における意思決定と合理性』太田出版
(8) 伊藤邦武『人間的な合理性の哲学—パスカルから現代まで』勁草書房

　　意思決定理論の始まりを告げる「パスカルの賭け」は（1）に記述されています。期待効用理論が生み出されるきっかけとなった「サンクトペテルブルクのパラドックス」などのダニエル・ベルヌーイの業績については（2）にまとめられています。（3）は期待効用理論を体系化したフォン・ノイマンとモルゲンシュテルンの原著。（4）（5）は行動経済学誕生の経緯を記した本。（6）はプロスペクト理論

の生みの親であるダニエル・カーネマン自身が書き下ろした入門書。ここに意思決定の思考様式には直観的・感情的な「システム1」と熟考的・理性的な「システム2」があるという記述があります。（7）は、上記の人の思考様式には2つのシステムがあるという二重過程理論の提唱者による本。（8）では、哲学者の視点からの意思決定理論の古典的著作の解釈を知ることができます。

さくいん

N.D.C.420　　259p　　18cm

ブルーバックス　B-2151

「意思決定」の科学
なぜ、それを選ぶのか

2020年9月20日　第1刷発行

著者	川越敏司
発行者	渡瀬昌彦
発行所	株式会社講談社
	〒112-8001 東京都文京区音羽2-12-21
電話	出版　03-5395-3524
	販売　03-5395-4415
	業務　03-5395-3615
印刷所	（本文印刷）豊国印刷 株式会社
	（カバー表紙印刷）信毎書籍印刷 株式会社
本文データ制作	講談社デジタル製作
製本所	株式会社国宝社

ISBN978-4-06-520958-5

発刊のことば

科学をあなたのポケットに

二十世紀最大の特色は、それが科学時代であるということです。科学は日に日に進歩を続け、止まるところを知りません。ひと昔前の夢物語もどんどん現実化しており、今やわれわれの生活のすべてが、科学によってゆり動かされているといっても過言ではないでしょう。

そのような背景を考えれば、学者や学生はもちろん、産業人も、セールスマンも、ジャーナリストも、家庭の主婦も、みんなが科学を知らなければ、時代の流れに逆らうことになるでしょう。

ブルーバックス発刊の意義と必然性はそこにあります。このシリーズは、読む人に科学的に物を考える習慣と、科学的に物を見る目を養っていただくことを最大の目標にしています。そのためには、単に原理や法則の解説に終始するのではなくて、広い視野から問題を追究していきます。科学はむずかしいという先入観を改める表現と構成、それも類書にないブルーバックスの特色であると信じます。

一九六三年九月

野間省一